레이어드 머니
돈이 진화한다

레이어드 머니
돈이 진화한다

LAYERED MONEY

닉 바티아 지음 | 정성환 옮김

계층 화폐로 살펴본 금, 달러,
비트코인, 디지털 화폐의 미래

디지털 화폐가 불러올 부의 대이동에 대비하라!

심플라이프

차례

1부 초기 화폐의 역사와 계층 화폐 출현

2부 계층 화폐의 발전과 달러 시스템의 위기

3부 대안을 찾아서 – 비트코인

비트코인 비판자들이 애용하는 단골 메뉴는 가격 변동성이다. 그들은 불안정한 가격이야말로 비트코인이 세계 화폐로 기능할 수 없는 주요 이유라고 주장한다. 이들은 나무만 보고 숲은 못 보는 우를 범하고 있다. 헤징^{hedging} 수단 발달로 비트코인과 현지 화폐를 동시에 사용할 수 있는 방법이 넘쳐나고 있기 때문이다.

세계적으로 1억 명 이상이 온라인 필명^{Nym}, 게임아이디^{gamertag}, 트위터 핸들^{handle} 등을 사용하며 이미 가상세계에 친숙해졌고 자연스럽게 비트코인의 세계에 합류하고 있다. 그들에게는 가격 변동성 개념이 존재하지 않는다. 이런 흐름은 시간이 흐르면서 더욱 확대될 전망이다.

우리는 중개인(많은 경우 국가기관)이 필요 없는 포스트 인터넷 시대에 살고 있다. 즉, 비트코인으로 국가와 중앙은행을 건너뛰고 당사자끼리 직접 거래하는 시대를 살아간다. 기하급수적으로 늘어나는 비트코인 이용자는 결코 과거 방식으로 돌아가지 않을 것이다. 이는 지난 20년 동안 우편제도가 이메일에 빼앗긴 영향력을 회복하지 못하는 것과 같은 이치다.

우리에게 중요한 질문은 비트코인의 가격 변동성이 줄어들지 혹은 현재 가격이 투자에 적합한지가 아니다. 중요한 것은 미래 경제 구조에서 비트코인이 어떤 가치를 지닐 것인가이다. 아직 누구도 정답을 제시할 수 없지만 비트코인이 이론상 무제한의 가치를 지닌다는 것은 확실하다.

이 책은 비트코인 입문자를 대상으로 그 개념과 구조를 전달하려는 시도로 2021년 1월 출간한 이후 전 세계 독자에게 좋은 평가를 받고 있다. 한국 독자도 이 책으로 화폐 진화 역사를 짚어보고 비트코인 지식을 탐색하는 노력을 지속하길 바란다.

닉 바티아

2021년 8월

오늘날 국제 화폐 시스템은 지금껏 우리가 경험해보지 못한 변화의 기로에 서 있다. 불확실한 선택의 기로에 선 화폐 시스템은 앞으로 어떻게 변할 것이며 과연 그 지형은 어떠할까? 바로 그 질문에 답하고자 이 책을 쓰게 되었다.

세상에는 수많은 지도가 있어 우리가 지형과 지세를 파악하는 데 도움을 준다. 하지만 아직까지 돈의 지형을 알려주는 지도는 없다. 나는 이 책을 통해 시대를 관통하는 금융 시스템 지도를 보여주고 미래의 디지털 화폐가 어떤 모습일지 그려보고자 한다.

독자들은 필자가 제시하는 '계층 화폐'라는 새로운 틀을 통해 진화하는 화폐 시스템의 작동 방식과 서로 다른 형태의 화폐가 어떻게 관련되어 있는지 이해하게 될 것이다. 복잡하게 얽혀 있는 화폐 지형을 탐색하는 일종의 지침으로 활용할 수 있을 것이다.

화폐 시스템을 이해한다는 것은 우리가 살고 있는 세상이 돌아가는 원리를 이해하는 근간이라 할 수 있다. 인간의 필요에 따라 창조된 화폐는 수천 년간 인류와 함께하면서 세계 시스템의 핵심 축으로 발전해왔다. 1200년대 중반 이탈리아에서 발행한 플로린Florin 금화는 세계 무역 형태를 근본적으로 바꿔놓았고, 19세기에는 신용화폐가 만개하며 화폐의 역할에 혁명적인 변화를 불러왔다. 그리고 바로 지금, 화폐 시스템에 또 한 번 역사적으로 아주 드문 일대 변화가 일어나려 하고 있다.

'미래의 돈은 어떤 모습일까'라고 물어보면 많은 사람들이 디지털 화폐를 떠올릴 것이다. 사실 돈은 이미 많은 부분 디지털화한 상태다. 단지 우리가 그것을 크게 인지하지 못한 채 사용하고 있을 뿐이다. 일상을 살펴보자. 우리는 지금 스마트폰 앱을 이용해 계좌를 관리하고 일상적으로 비대면 결제를 하면서 점점 더 현금이 필요 없는 상황에 익숙해지고 있다. 거기다 전 세계는 가상화폐인 비트코인이 제시하는 화폐적 상상력에 매료되면서 디지털 화폐에 완전히 새로운 의미를 부여하고 있다.

그렇다면 과연 비트코인은 화폐 시스템의 운명을 바꿔놓을 수 있을까? 바꿔놓는다면 어떻게 바꿔놓을까? 이 책은 누구나 궁금해하는 이 의문을 해결하는 데 집중한다.

지금까지 '돈의 생성 과정과 화폐 시스템이 작동하는 원리'를 다루는 화폐과학은 박사급 경제이론이라는 울타리 안에 갇혀 소수의 전문가 영역으로만 남아 있었다. 이제는 그들만의 리그에서 벗어나 누구라도 쉽게 이해하고 접할 수 있는 방법이 필요한 시점이다.

그런 의미에서 이 책의 주요 목적은 일반 대중이 화폐 시스템을 쉽게 이해하도록 그 첫 단계부터 설명하고 개념을 재정립하는 데 있다. 가장 중요한 것은 독자들이 화폐가 '계층화한 시스템'임을 이해하는 일이다. 필자는 '계층'이라는 용어를 사용해 인류가 동전 대신 화폐 시스템을 사용하게 된 이유는 무엇인지, 또 이 시스템이 진화해 오늘날처럼 복잡하고 난해한 다단계 구조로 변화한 과정과 이유를 설명할 것이다. 독자들은 이 여정을 따라가며 자신의 자산이 어떤 단계의 화폐를 기초로 하고 있는지 알고, 각 화폐 단계 간의 관계를 이해할 수 있을 것이다.

계층 화폐란

계층 화폐 모험담을 시작하기 전에 먼저 그 간단한 사례와 전체 구조를 살펴보자. 계층 화폐를 보여주는 가장 쉬운 예시는 1928년경 미국에서 사용한 금화와 '금화 보관증'의 관계이다. 당시 금화 보관증에는 이런 문구가 적혀 있었다.

'본 증서는 미합중국 재무부에 10달러가 보관되어 있고 본 증서 소지자의 요구 시 해당 금액을 지불할 것임을 보증한다.'

그러면 이 문구를 계층 화폐 관점에서 해석해보자.

1단계 화폐 즉 금화는 금고에 보관되어 있고 2단계 화폐인 금화 보관증은 금화를 대신해 인쇄를 거쳐 유통이 이뤄진다. 누구든 이 증서를 소지한 사람이 10달러를 획득할 수 있다. 여기서 금화와 금화 보관증은 모두 화폐지만 질적 측면에서 둘은 서로 다르다.

서로 단계가 다른 두 화폐 간의 관계(〈그림 2〉)는 재무상태표 상의 자산과 채무로도 설명할 수 있다(〈그림 1〉).

이 새로운 틀에 입각해 화폐과학의 태동 시점부터 현재까지 화폐를 살펴보면 이것이 곧 화폐의 종합적인 역사가 된다.

필자는 왜 다소 낯선 '계층'이란 개념을 사용하게 됐을까. 국제 화폐 시스템의 핵심 참여자들은 이미 디지털 화폐의 미래 구상을 발표하고 있다. 따라서 우리는 그 변화를 분석하는 방법을 신속

미 재무부 재무상태표

자산	부채
금화	금화 보관증

〈그림 1〉

〈그림 2〉

히 모색할 필요가 있다. 문제는 주류경제학 용어의 틀에 갇힐 경우 손쉽고 명쾌한 방법을 도출하기 어렵다는 점이다. 필자가 계층 시스템이라는 틀을 선택한 이유가 여기에 있다. 이것이 금융 시스템에 일어날 변화를 개념화하는 데 가장 효과적이고 분명한 방법이기 때문이다.

화폐와 전혀 관련이 없던 암호학 분야가 화폐과학과 융합해 기술혁명을 일으키고 있다. 마치 21세기에 인터넷이 수많은 업계에 엄청난 변화를 불러온 것처럼 2009년 이후 전 세계에 광범위하게 확산된 암호기술학은 금융 세계가 낡은 시스템을 버리고 새로운 시스템으로 나아가도록 강제하고 있다.

국가권력과 무관한 화폐의 역할은 무엇일까? 비트코인은 국가화폐와 공존할까, 아니면 이를 대체할까? 그 해답은 계층 화폐 연구에서 찾을 수 있으며 그 시작점은 1252년에 발행한 금화를 탐구하는 것이다.

1부

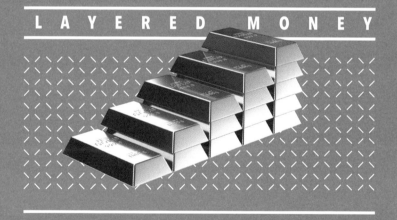

LAYERED MONEY

초기 화폐의 역사와
계층 화폐 출현

1장

✠
✠

플로린 금화

"나와 동지들은 마음의 병으로 고통받고 있는데
이 병은 금으로만 치료할 수 있다오."
─에르난 코르테스Hernán Cortés

계층 화폐 이전의 돈은 단순한 것이었다. 인류는 수천 년 동안 바닷조개, 동물 이빨, 보석, 가축, 철제 도구 등을 물물교환의 수단으로 사용하다가 지난 수백 년에 걸쳐 금과 은이 세계적으로 통용되는 화폐로 자리 잡았다. 인류는 귀한 매력이 있는 이 두 가지 금속을 본원화폐로 선정했다. 금과 은은 서로 다른 지역에 사는 이방인 간의 무역을 증진시키고 대를 이어 부를 축적할 수 있는 훨씬 개선된 수단을 제공하였고, 이 두 금속이 본원화폐가 되면서 인류문명은 글로벌화로 나아가는 커다란 진전을 이룰 수 있었다.

무엇을 돈으로 사용할 것인가는 언제나 쉬운 문제가 아니다.

조개는 바다로부터 수천 킬로미터 떨어진 지역에서 거래할 때는 안성맞춤이었으나 조개가 풍부한 해안 지역에서는 대를 이어 보전할 만한 가치가 없었다. 철은 사냥이나 무기류 제작에 쓰이는 고가치 물질로 수백 년간 가치를 보존할 수 있지만 최상의 통화 수단이라고는 할 수 없었다. 조개와 달리 운반이 쉽지 않고 잘게 나누는 것도 어렵기 때문이다. 반면에 귀금속은 휴대성과 가분성이라는 두 가지 측면을 모두 충족시키며 최적의 화폐 수단으로 통용되어왔다.

돈이 교환의 매개체이자 가치 저장 수단으로만 활용된 것은 아니다. 계산에도 쓰인다. 다시 말해 가격을 표시하고, 매출을 점검하고, 이익을 계산하는 등 경제활동의 모든 과정을 단일한 계산 단위Accounting denomination로 통일할 수 있는 수단이다. 단위명denomination의 라틴어 어원인 'nomin'은 이름을 의미한다. 종파religious denomination가 사람들이 자신의 종교적 신념을 지칭하는 수단이듯 계산 단위는 매출, 지출, 이익을 지칭하는 수단이다. 사람들이 통일된 계산 단위를 쓰자고 합의할 경우 모두가 무엇을 돈으로 간주할 것인지에 대해 정확히 이해가 같아지므로 가격을 매기는 것은 간단해진다. 그리고 모두가 가격을 동일한 방식과 조건으로 표시하면 경제활동이 활발해진다.

단순히 '금'이라는 단위명을 정하는 것만으로는 충분치 않다.

같은 금이라도 금 세공품, 골드바, 금괴 등을 이용해 거래를 할 때 끊임없이 각각의 중량과 순도를 측정해야 하므로 단순히 '금'으로만 표시하는 것은 유용하지 않다. 이런 문제를 어떻게 해결해야 할까?

이번 장에서는 동전(주화)이 무게, 순도, 신뢰도 측면에서 그 문제를 어떻게 해결했는지 보여줄 것이다.

최초의 주화 탄생

'역사의 아버지'라 불리는 그리스 역사가 헤로도토스에 따르면 인류 최초의 금화와 은화는 기원전 700년경의 리디아(현재의 터키)까지 거슬러 올라간다. 수천 년 전의 문명에서도 금과 은 등의 보석류를 돈으로 활용한 증거는 찾아볼 수 있지만 귀금속이 계산 단위로 자리를 잡은 것은 동전을 사용하면서부터다.

리디아 동전에는 포효하는 사자의 모습이 양각돼 있으며 무게는 8그램(126그레인) 정도다. 무게가 일정한 동전의 출현은 표준화의 일대 혁명으로, 돈의 기능에 영구적인 변화를 불러일으켰다. 교역 당사자가 서로 개별 금속의 무게와 순도를 일일이 확인할 필요가 없어지면서 세계 무역 형태가 근본적으로 바뀐 것이다.

동전의 가장 중요한 특성은 무엇이고 돈의 형태 측면에서 이것은 왜 혁명적인 변화라고 할 수 있을까? 그 내용을 살펴보면 다음과 같다.

첫 번째, 동전은 희귀하면서도 오랜 기간 보존이 가능한 금속으로 만들었다는 점이다. 다시 말해 수천 년에 걸쳐 돈으로 사용할 수 있음을 증명한 금과 은으로 동전을 제작함으로써 동전 자체의 기본 수요를 보장했다. 만일 동전을 돌로 만들었다면 귀하지도 드물지도 않기 때문에 그 수요는 없었을 것이다.

두 번째, 대체 가능하다는 점, 즉 교환이 가능하다는 점이다. 두 물건을 서로 대체해 교환할 수 있다는 것은 두 가지가 구분되지 않는 동일한 가치를 지니고 있다는 것을 의미한다. 이는 우리가 1달러 지폐를 또 다른 1달러 지폐와 동일하다고 여기는 것과 같은 이치다. 같은 조폐국에서 제조한 동전은 모두 가치가 동일하므로 일상의 거래 과정에서 '측량'이라는 귀찮은 과정을 생략할 수 있다. 특히 일정하지 않은 무게의 금덩어리나 불특정 순도의 금 보석류와 비교해보면 동전은 돈의 측량 측면에서 일대 진보라 할 수 있다. 균일성과 대체 가능성을 갖춘 동전은 모든 것을 하나의 단위로 계측할 수 있는 강력한 수단을 제공함으로써 가장 이상적인 계산 단위로 작동했다.

세 번째, 동전은 분할할 수 있다. 예를 들어 수천 년 전에는 가축을 화폐로 사용했는데 암소는 분할이 불가능해 소액 거래에 쓸 수 없었다. 반면 동전은 작게 쪼갤 수 있다는 점에서 최적의 수단이다. 분할이 가능해 소액 가치를 나타낼 수 있을 뿐 아니라 여러 개를 모아 고액 거래에도 사용할 수 있다.

네 번째, 최고의 동전은 주조하기가 어려워야 한다는 점이다. 위조가 용이하면 화폐로서 가치가 심각하게 훼손된다. 따라서 조폐국에서 동전을 주조할 때 흉내 내기 어려운 돋을새김을 양각하는 방식으로 위조 가능성을 차단해야 했다. 통용되는 주화가 진본이고 사실상 모조품은 존재할 수 없다는 믿음을 확보하면 거래할 때 일일이 위변조 여부를 확인하는 번거로움이 사라져 일상적인 거래가 이뤄질 수 있다.

국가권력이 돈에 미친 영향

경제가 발전하면서 동전 수요가 급증하자 국가는 동전의 최대 공급자로 자리를 잡게 됐다. 특히 군주들은 동전에 자신의 이름과 얼굴을 새겨 영원히 기억되고자 하는 욕망을 떨쳐내지 못했다. 물론 동전을 주조하려는 동기가 군주 개인의 허영심에만 있었던 것은 아니다. 국가는 동전 주조라는 발권력에 기반해 통화 통제권을 확보할 수 있었고 이는 사회뿐 아니라 제국의 흥망에까지 심대한 영향을 미쳤다.

국가권력이 화폐에 어떤 영향을 미칠 수 있는지 보여주는 대표적인 사례가 로마제국이다. 로마제국 건설 직후인 서기 1세기 경 로마에서는 데나리denari(복수형은 데나리우스denarius)라는 동전을 주조했는데 이것은 로마제국 확장과 함께 유럽, 아시아, 아프리카에 걸쳐 널리 사용되었다. 인류 역사상 최초로 단일 조폐국에서 주조한 동전을 기반으로 한 국제 표준통화제도가 발전한 것이다. 로마 화폐는 로마의 절대 지배력을 원천으로 로마제국 안에서뿐 아니라 인근 세계에서도 강력한 영향력을 행사했다. 이후 디나르 dinar는 수 세기에 걸쳐 인도와 이집트, 스페인 등에서 동전의 대명사로 자리를 잡았다.

마르쿠스 아우렐리우스 시절인 2세기경 디나리우스 은화는 무게 3.4그램에 은을 80% 함유하고 있었다. 이는 300년 전 스스로를 로마의 초대 황제로 칭한 율리우스 카이사르 시절의 98% 순도에 비해 은화 순도가 많이 감소했음을 보여준다. 시대를 막론하고 국가는 공짜 돈을 만들어내고픈 유혹을 이겨내지 못한다는 아주 단순한 사실 하나 때문에 화폐는 돈으로서의 기능을 위협받곤 했다.

로마 화폐도 예외는 아니었다. 로마제국은 데나리우스 은화의 귀금속 함량은 낮추고 화폐 이름과 가치는 그대로 유지하는 방식으로 국가권력만을 위한 공짜 돈을 만들었다. 데나리우스의 은 함량은 갈수록 줄어들었고 결국 은화가 신뢰를 잃으면서 극심한 물가 불안정에 이어 사회적 소요가 발생했다.

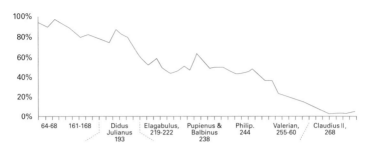

로마제국 데나리우스 은 함유량 추이

출처: Societe General, Tulane University

3세기 말이 되면 국가의 파렴치한 가치절하 행위는 더욱 빈번해지고 데나리우스의 은 함유량은 결국 5%까지 떨어진다. 이 시기는 여러 명의 로마제국 황제가 암살당하고 제국 전체가 사실상 붕괴하다시피 한 군인 황제 시대와 일치한다.

화폐의 평가절하가 시대를 불문하고 전 세계에서 지속적으로 벌어진 현상임을 고려하면 13세기 피렌체에서 발생한 일은 가히 놀라운 반전이라 부를 만하다.

플로린 금화의 등장

이탈리아 북부 도시 피렌체, 베네치아, 제노바, 피사는 11세기 들어 봉건 영주 시대에서 벗어나 도시 공화국으로 발전했다. 이들은 독립을 쟁취한 데 이어 자체 동전을 주조하기 시작했다.

1252년 피렌체 조폐국에서 처음 플로린 금화Fiorino d'Oro를 주조할 때만 해도 이렇다 할 새로운 요소는 없었다. 그저 또 다른 동전 하나를 추가한 것뿐이었다. 하지만 수십 년을 넘어 수백 년 동안 금화의 무게와 순도를 변함없이 유지하면서 플로린 금화는 주변 지역에서 '대표적인 거래 화폐'라는 명성을 획득했다.

귀금속으로 주조한 동전은 내구성, 가분성, 휴대성 측면에서 효율성을 입증받아 오랜 기간 인류 역사와 함께해왔으나 국가권력의 탐욕으로 주화의 순도가 꾸준히 낮아지면서 몇 세대에 걸쳐 통용된 화폐는 그때까지 거의 존재하지 않았다. 그런데 피렌체 조폐국이 새로운 역사를 창조한 것이다. 플로린은 무려 4세기 동안이나 순금 약 3.5그램이라는 무게와 순도를 유지했다.

플로린 금화는 세상에 등장한 지 100년이 지나면서 전 유럽 금융계의 국제 표준통화로 자리를 잡아갔다. 고액 연봉, 장신구, 부동산, 자본 투자 가치가 모두 플로린으로 표시되었다. 플로린 금화는 평생 저축한 돈을 주머니에 넣고 다닐 수 있는 방법으로도 노동자들 사이에 인기가 있었다. 또한 담보물로 쓰이기도 해서, 소액 거래를 위해 은화를 빌릴 때 플로린을 담보로 제공했다. 이처럼 플로린을 표준통화로 쓰는 관행은 유럽 전역과 그 너머로까지 퍼져갔고 플로린은 세계에서 가장 신뢰할 수 있고 안정적인 화폐로 주목을 받았다.

　플로린 금화의 탁월한 안정성 하나만으로 르네상스 시대의 통화 혁신을 추동해낸 것은 아니다. 수 세기에 걸친 플로린 금화의 인기는 인간의 화폐 경험을 대대적으로 바꿔놓은 수학, 회계, 은행업의 비약적인 발전과 동시에 이뤄졌다. 그 발전 내용을 자세히 다루기에 앞서, 당시 사회가 직면했던 주화의 해결 과제가 무엇이었는지 이해할 필요가 있다.

주화 춘추전국시대

　동전을 주조했다고 통화제도가 저절로 만들어지는 것은 아니다. 동전 화폐는 지중해를 중심으로 연결된 유럽, 북아프리카, 중동의 도시들이 주축이었던 당시 세계 경제에 두 가지 문제를 야기했다. 즉 유통되는 주화의 종류가 너무 많았고 이로 인해 화폐의 유통 속도Money Velocity가 심각하게 떨어진다는 점이었다.

　화폐 유통 속도는 돈의 손바뀜이 얼마나 빨리 일어나는지를 나타낸다. 다시 말해 돈이 한 사람에게서 다른 사람에게로 이전하는 속도로, 적정 수준 이상의 속도가 보장돼야 사회 전체가 잠재력을 제대로 발휘하는 원활한 경제활동이 이뤄진다. 금화와 은화를 사용하면서 원시적 단계에 비해 화폐의 유통 속도가 빨라진 것은 사실이다. 그러나 수천 종류의 동전이 서로 경쟁해야 하는 주화 춘추전국시대에는 사실상 모든 거래의 단계마다 서로 다른 지역 사람들 간에 등가교환이 몇 번이고 이뤄져야 하는 번거로움이 수반되었다. 게다가 동전의 무게와 순도의 표준치가 지역마다 달라서 화폐의 유통 속도와 국제무역이 다음 단계로 도약하는 과정에 커다란 걸림돌로 작용했다.

환전상은 등가교환에 특화한 사람들로 모든 무역거래에서 필수불가결한 존재였다. 그들은 수백 혹은 수천 종에 이르는 동전 간 거래를 떠맡아 국제거래가 원활하게 이뤄지도록 했는데, 주화의 통일성이 결여되어 있는 상황은 환전상들이 수익을 창출하는 원천이었으며 오늘날에도 환전상이란 직업은 외환 브로커 형태로 존재한다.

서로 다른 두 금속(금과 은)을 화폐로 통용시키는 제도인 복본위제bimetallism는 통화의 다원성이 초래하는 문제를 가중시키는 요인으로 작용했다. 은은 금보다 풍부한 금속으로 평범한 사람들이 일상적인 거래를 할 때 화폐로 사용한 반면 금은 은보다 귀하게 여겨지는 귀금속으로 부를 축적하는 수단으로 선호했지만 일상거래에 활용하기에는 그 양이 충분치 않았다. 이를테면 플로린 금화 한 개는 일반 근로자의 주급보다 더 가치가 높았다.

화폐가 금과 은으로 양분된 상황은 통일된 통화제도 구축을 방해하는 요인으로 작용했고 19세기 말에 이르러서야 복본위제 문제는 해결되었다.

실물 운송의 위험성

동전 화폐 시스템이 직면한 또 다른 문제는 동전을 실물로 운반할 때 큰 위험을 감수해야 한다는 점이다. 특히 중세시대에 해상과 육상으로 동전을 보내는 것은 위험천만한 일로 최악의 물류 환경이라 부를 만했다. 멀리 있는 상대방과의 국제 거래 대금을 주화로 정산하려면 수송선이 난파될 수도 있는 위험을 감수해야만 했던 것이다.

이런 문제의 해결책으로 등장한 것이 이른바 지연 결제^{deferred settlement}다. 지연 결제란 위험을 감수하며 귀금속 실물을 운반하는 대신 상대방에게 나중에 대금을 정산하겠다고 약속하는 것을 말한다. 약정일, 즉 만기일에 최종 결제를 하고 금화나 은화로 정산하는 방식이다.

이 같은 약속 혹은 신용 거래는 국제 거래에서 동전을 실물로 운반하는 데 따르는 위험을 피해 가는 수단으로 널리 활용하면서 발전했다. 지연 결제 방식의 신용 계약은 13세기 이전에도 존재했으나 체계를 갖춘 수준은 아니었다. 여전히 신용 계약에 통일성이 없었고 공식적인 신용 시스템으로 자리를 잡지도 못했다.

플로린 금화의 안정성이 화폐 시스템에 커다란 기여를 한 것은 분명하지만, 통화제도를 구축하려면 안정적으로 주화의 순도를 유지하는 것 이상의 것이 필요했다. 바로 약속 문화가 형성되어야만 했다.

2장

계층 화폐의 등장

통화제도는 언제 어디서나 위계 구조를 보인다.

—페리 멀링Perry Mehrling, (보스턴대학교 경제학 교수)

1202년 피보나치Fibonacci라는 이름으로 잘 알려진 상인 레오나르도 다 피사Leonardo da Pisa가 유럽의 수학 분야에 커다란 영향을 미친 《산반서Liber abaci》를 발간했다. 피보나치는 알제리의 시장 거리에서 유년기를 보내며 고대의 수학적 발견을 배웠고 나중에는 인도-아라비아 기수법을 유럽에 소개한 책을 펴냈다. 이 책은 한계가 분명하던 로마 기수법이 사라지는 데 기폭제 역할을 했다.

이 책에서 피보나치는 당시 유럽인에게 낯설던 산술이란 개념을 비롯해 이슬람 통치 시절 스페인 대학과 인도에서 상인들이 사용하던 방법을 반영한 회계 기법을 자세히 설명했다. 이는 오늘날 복식부기라고 부르는 회계 처리 방식의 근간으로 자산, 부채, 자본, 이익을 기록하는 보편적인 회계 기법이다. 이탈리아에 서는 《산반서》가 남긴 유산이 뚜렷한 영향을 미쳤다. 피보나치가 제시한 아이디어 덕분에 '은행가'라는 새로운 유형의 상인 계층 이 탄생했는데 이들의 권력은 상품이나 서비스가 아닌 재무상태 표에서 발생했다.

피보나치가 수학적 발견을 책으로 펴내기에 앞서 환어음bill of exchange이 화폐 수단으로 사용되기 시작했다. 환어음은 돈을 한 곳 에서 다른 곳으로 송금하는 수단으로, 수취인이 원하는 통화로 환전할 수도 있었다. 은행이 지급을 약속하는 증서인 환어음은 늘 선금으로 지불한 것은 아니었기에 사실상 대출이었고 증서 발 행인이 신용을 제공했다. 한마디로 환어음은 세계 최초로 널리 쓰인 신용증권이었던 셈이다.

환어음의 유래는 역사가들도 정확히 설명하지 못하지만 적어 도 유럽에 환어음이 도입되기 수백 년 전에 아랍에서 이미 사용 한 것만은 분명하다. 12세기에 접어들면서 어음은 이탈리아 북부 에서 널리 통용되기 시작했고 14세기에는 전 세계에서 발행한 모 든 환어음의 최소한 한쪽 당사자는 플로린 금화를 사용했다. 유 럽 대륙의 모든 주요 거래에서 플로린이 사용되면서 플로린을 중 심으로 한 통화제도가 형성되기 시작했다.

당시 유럽에서는 동전 수백 가지가 유통되고 있었으나 모든 거래를 플로린 금화로 계산했다. 이렇듯 재무상태표상의 국제적 표시통화로 선택받은 플로린 금화는 세계 최초의 기축통화였던 셈이다. 피보나치의 결정적인 혁신과 더불어 플로린 금화와 환이음 사이에 2단계 화폐가 작동하는 새로운 통화 시스템이 부상하기 시작한 것이다.

15세기 들어 국제 통화제도는 마침내 귀금속의 사슬에서 해방되었다. 이 과정을 앞당긴 주인공은 이탈리아 수학자 루카 파치올리Luca Pacioli다. 파치올리는 레오나르도 다빈치에게 수학을 가르친 인물로 다빈치와 함께 건축 수학을 다룬 《신성한 비례Divina proportione》를 집필했다.

하지만 파치올리의 명성을 드높인 책은 따로 있었다. 그는 《신성한 비례》를 펴내기에 앞서 1494년에 발표한 《산술집성Summa de arithmetica, geometria, proportioni et proportionalita》으로 '회계와 복식부기의 아버지'라는 별명을 얻었다. 사실 연산, 대수학, 기하학, 무역, 환어음을 솜씨 좋게 집대성한 이 책에서 회계 관련 내용은 일부분에 불과하지만 그는 현대 재무상태표의 기틀을 마련하는 데 큰 영향을 미쳤다. 무엇보다 그는 베니스식 복식부기로 알려진, 오늘날 전 세계 모든 주요 기업에서 활용하는 회계원리를 공식화했다.

바로 이 복식부기의 회계원리 안에 은행가들이 동전을 주조하지 않고 재무상태표로 돈을 만들어내는 비밀이 숨어 있다. 사람들은 《산술집성》이 등장한 이후에야 비로소 재무상태표라는 렌즈를 기반으로 금융 세계를 이해하기 시작했다. 그리고 필자는 이 책에서 '계층 구조'라는 새로운 렌즈로 이를 재구성하려 한다.

역자 Tip

재무상태표를 통해 화폐가 만들어지는 원리 - 1

재무상태표란 '빌려준 돈'과 '빌린 돈'을 대조하기 쉽도록 양쪽에 정리한 표를 말한다. 빌려준 돈은 곧 나중에 받을 돈이므로 '자산asset'으로 표현하며 빌린 돈은 나중에 갚아야 할 돈이므로 '부채liability'로 표시한다.

그럼 '은행가들의 권력이 재무상태표에서 발생했다'거나 '재무상태표라는 렌즈를 기반으로 금융 세계를 이해하기 시작했다'는 것은 무얼 의미할까? 이는 신용화폐가 만들어지는 원리를 말하는 것으로 은행가들이 화폐를 '창조'하는 마법의 비밀 열쇠라고 할 수 있다.

'돈' 하면 우리는 으레 일상생활에서 일반적으로 사용하는 지폐와 동전을 떠올린다. 하지만 전체 화폐 총량에서 지폐와 동전이 차지하는 비중은 대략 3%에 불과하다. 그럼 나머지 97%의 화폐는 무엇이고 어떻게 만들어질까? 여기서 상황 하나를 가정해 그 과정을 추적해보자.

새 차를 구입하기로 한 정씨는 필요한 자금 1천만 원을 자신의 주거래 은행에서 대출받을 계획이다. 은행 창구에서 대출을 신청하면 은행은 자체 심사를 거쳐 대출을 실행하는데 그 과정은 아주 단순하다.

우선 정씨 계좌에 1천만 원을 넣고 재무상태표의 '자산'란에 1천만 원을 기재한다. 은행이 정씨에게 빌려주고 나중에 받을 돈이니 말이다. 이때 동일하게 1천만 원을 재무상태표의 '부채'란에 기재한다. 정씨 계좌에 1천만 원을 타이핑하는 순간 1천만 원 지급을 약속한 것이므로 은행 입장에서는 부채이기 때문이다.

이처럼 은행은 1천만 원이란 돈을 만들었지만 이는 은행의 재무 구조에 아무런 영향을 주지 않는다. 자산과 부채를 차감하면 '0'이다. 1천만 원을 대출해주기 위해 다른 은행에서 돈을 빌려오거나 다른 계좌에서 이체하지도 않았다. 말 그대로 그냥 '창조'했을 뿐이다. 다만 재무상태표상의 숫자는 다음과 같이 바뀐다.

대출 전

자산	부채
0	0

대출 후

자산	부채
정씨 대출금: 1천만 원	정씨 계좌: 1천만 원

정씨가 1천만 원 대출금을 인출해 새 차를 구입해도 상황은 변하지 않는다. 새 차 대금을 받은 자동차 회사는 자신의 주거래 은행에 예금으로 예치할 테고 '예금'은 은행이 해당 금액을 지급한다는 약속으로 재무상태표상 부채로 기재하기 때문이다.

은행은 이와 동일한 과정을 김씨, 이씨, 박씨, 차씨 등 다른 모든 고객을 상대로 무한 반복할 수 있다. 대출금 형태의 화폐를 창조하는 과정에서 은행은 영혼을 불어넣기 위해 흙으로 형상을 만드는 수고조차 할 필요가 없다. 그저 재무상태표에 자산과 부채로 기록하면 그만이다. 단, 법에서 정한 지급준비금은 중앙은행에 예치해야 한다.

결국 일반 통념과 달리 조폐국에서 인쇄하는 화폐는 극히 일부에 지나지 않으며 화폐는 대부분 그냥 창조된다. 누가 하느냐고? 은행가들이다. 어떻게 하느냐고? 재무상태표상에서 이뤄진다.

그렇다면 '계층 구조' 렌즈로 화폐를 창조하는 과정을 보려는 이유는 무엇일까? 최종 결제가 이뤄지는 돈이 무엇인지 밝히기 위해서다.

'돈'은 거래의 최종 결제 수단이고 '신용'은 돈을 지급하겠다는 약속이다. 그럼 이 책을 계속 읽으면서 층층의 복잡한 금융 거래 거미줄을 걷어내고 최종 결제가 이뤄지는 '진짜 돈'이 무엇인지 추적해보자.

화폐의 위계 구조

'계층 화폐'는 무엇이라 정의할 수 있을까? 이해를 돕기 위해 서문에서 말한 금화와 금화 보관증의 관계를 상기하면서 르네상스 시대 피렌체와 저 유명한 메디치 은행가의 사례를 살펴보겠다. 금화 하나와 다음 문구를 기재한 종이 한 장에 어떤 차이가 있는지 생각하는 것으로 계층 화폐 개념에 접근해보자.

'증서를 소지한 자가 요구할 경우 메디치 은행가는 금화 한 개를 지불할 것임.'

여기서 금화는 첫 번째-계층 화폐로 최종 지불이 이뤄지는 형태다. 반면 문구가 적힌 종이는 해당 증서가 지급을 담보하는 금화가 있기에 존재하는 두 번째-계층 화폐이며 누군가의 재무상태표에 부채로 탄생한다. 다시 말해 모든 두 번째-계층 화폐는 차용증서IOU, I-owe-you이며 첫 번째-계층 화폐로 지불하겠다는 약속일 뿐이다.[1] 이에 따라 두 번째-계층 화폐에는 거래상대방 위험counterparty risk, 즉 거래상대방이 한 약속을 믿고 기다리는 과정에서

---

1   '화폐의 위계 구조', '재무상태표의 위계 구조', '규율적 제약'은 페리 멀링의 2012년 논문 〈화폐에 내재하는 위계The Inherent Hierarchy of Money〉에서 인용했다. 멀링은 이 논문에서 위계 구조는 통화 시스템에서 자연스럽게 발생한다고 강조했다. 멀링의 논문은 이 책 집필에 기초 역할을 했다.

발생할 수 있는 위험을 내포하고 있다.

거래상대방 위험은 화폐과학의 핵심 개념으로, 오늘날 금융 시스템에 존재하는 모든 종류의 화폐에도 어느 정도 거래상대방 위험이 상존한다. 금융 시스템이 작동하려면 거래상대방을 신뢰할 수 있어야 하며 이것이 사라지면 우리는 지금도 거래할 때마다 금화와 은화를 사용해야 할지도 모른다.

화폐의 계층 구조는 '발행자'라는 거래상대방 위험이 내재된 돈의 형태를 신뢰할 때만 존재할 수 있다. 다시 말해 단계별 화폐 간의 연관관계는 그 화폐들이 개별 금융기관들의 재무상태표에서 서로 어떤 관계를 맺고 있는지를 알아야 보다 분명해진다. 〈그림 3〉과 〈그림 4〉를 보면 서문에서 살펴본 계층 화폐 사례와 매우 닮아 있음을 알 수 있다.

역자 Tip

재무상태표에서는 금화·은화와 환어음이 동등한 위치에서 자산과 부채로 서로 마주하며 자리한다. 그런데 실생활에서 그들의 역할은 어떤가. 금화와 은화는 그 자체로 화폐 기능을 할 수 있는 반면 환어음은 그렇지 않다. 오직 금화와 은화의 뒷받침을 받아야 화폐 기능을 할 수 있다. 즉, 환어음은 금화와 은화의 부산물로 은행가의 창조품이다.

메디치 은행가 재무상태표

자산	부채
금화 및 은화	환어음

〈그림 3〉

〈그림 4〉

단계별 계층 구조는 화폐의 본원적 위계질서를 잘 보여주는 접근 방식이다. 개별 통화는 회계장부에서처럼 동등한 위치에서 서로 마주하는 게 아니라 우수성에 따라 최상위부터 최하위까지 순위가 매겨진다. 개별 화폐는 누군가의 재무상태표에서 한쪽 변을 나타내므로 계층별 화폐 간에 존재하는 행위자를 밝힐 필요가 있다. 〈그림 4〉에서 메디치 은행가는 첫 번째-계층과 두 번째-계층 사이에 존재하는 행위자다. 이들은 두 번째-계층 화폐인 환어음, 즉 첫 번째-계층 화폐인 금화와 은화를 상환하겠다는 약속이 담긴 증서를 발행한다. 이때 키워드는 '약속'인데 여기에는 언제든 깨질 수 있다는 위험이 내포되어 있다.

환어음은 대금 지급을 나중으로 미루는 것이므로 증서 발행자의 부도 위험default risk을 내재하고 있다. 어떤 종류의 어음이든 부도 위험은 있게 마련이며 부도가 나면 두 번째 단계의 화폐는 가치를 잃고 휴지조각으로 전락한다. 그러나 이러한 부도 위험에도 불구하고 어음은 화폐를 교환하는 도구이자 통화 유통 속도를 높이는 촉진제 역할을 했다.

또한 환어음은 통화 탄력성을 크게 높인다. 거래할 때 금화와 은화는 반드시 실물이 필요하지만 환어음은 단순한 지불 약속이므로 무에서 유를 창조할 수도 있다. 탄성이 있어서 당기는 대로 늘어나는 고무줄처럼 화폐 역시 신축적인 탄성을 보유한 셈이다.

가령 금고에 금화 전액을 항상 보유하고 있을 필요가 없으면 탄력적인 통화 팽창이 가능하다. 이러한 통화 신축성은 부도 위험을 잠재우는 편익을 제공하는 까닭에(긴급자금이 필요할 경우 지급 약속증서를 '창조'할 수 있으므로) 환어음은 상인과 은행가가 동전보다 선호하는 통화 수단으로 자리를 잡았다.

이처럼 대금 정산을 나중으로 미루는 환어음을 거래 수단으로 받아들인다는 것은 화폐에 본질적으로 위계질서가 내재되어 있음을 보여준다. 다시 말해 지급 약속은 자신보다 신뢰도가 우수한 위 단계 화폐가 존재하는 위계질서 내에서만 기능할 수 있다.

사실 상인은 물건을 넘기기 전에 대금 지급을 요구할 수 있다. 그런데 상인들은 나중에 금화로 지불하겠다는 약속인 환어음을 수용한다. 이와 같이 상인들에게 물품대금 정산을 나중으로 미루겠다는 의향이 존재한다는 것은 계층 화폐 시스템이 은행가의 아이디어를 넘어 상대방에게 유동성을 지속적으로 제공하고자 하는 인간의 본성에서 비롯된 것임을 보여준다.

이제 우리는 서로 다른 계층의 화폐들이 서로 다른 용도와 목적으로 작동하는 계층 시스템을 이해하기 시작했다. 첫 번째-계층 화폐가 부와 가치를 오랜 기간 저장하기 위한 효율적인 수단으로 출현했다면, 두 번째-계층 화폐는 금화보다 훨씬 유연한 특성으로 일상적인 거래를 위한 효과적인 방편으로 출현했다.

규율적 제약

첫 번째-계층 화폐의 가장 중요한 특징은 그 아래 단계에 위치한 화폐에 '규율적 제약disciplinary constrain' 원칙을 적용한다는 점이다. 예들 들어 15세기 잉글랜드에서 금세공사는 단순한 기능공이 아니었다. 귀금속을 누구보다 안전하게 보관하는 역량을 갖춘 그들은 은행가 역할도 수행했다.

어느 잉글랜드 금세공사가 자신이 보관하는 각각의 금화에 예금증서를 발행했다고 가정해보자. 이때 만약 금화를 전량 보관하고 있다면 예금증서를 소지한 모든 사람이 동시에 증서를 금화로 바꿔달라고 요구하더라도 전액 환금에 전혀 문제가 없을 것이다. 이 경우 금화와 예금증서 사이에는 일대일 관계가 성립한다.

여기서 잠시 현금cash의 의미를 짚어보자. 현금이란 최종 결제를 담보할 수 없고 거래상대방 위험을 내포한 한 장의 종이에 불과하더라도 다른 사람들이 그것을 돈의 형태로 인정하고 증서상의 액면가를 받아들이는 것이라고 정의할 수 있다. 같은 맥락에서 평판이 좋고 신뢰를 받는 금세공사가 발행하는 예금증서는 종종 현금과 같은 역할을 한다.

사람들이 금세공사의 예금증서를 금으로 바꿀 수 있다고 믿게 되면 예금증서는 신뢰도가 높아져 현금으로 유통되기 시작한다. 그러다 탐욕이 생긴 금세공사가 자신의 신용을 이용해 금고에 금이 없는데도 예금증서를 발행해 이를 현금으로 유통시켜 소비하면 어떻게 될까? 이런 상황에서 만약 발행한 예금증서 전체에 대한 환금 요청이 들어오면 금세공사는 파산하고 말 것이다.

이것을 '부분 준비금 제도fractional reserve banking'라고 부른다. 이는 예금증서에 상응하는 모든 금을 금고에 보관하는 '전액 준비금 제도full reserve banking'와 대치하는 개념이다.

금세공사의 화폐 발권력은 '금세공사가 발행한 예금증서는 현금으로 통용된다'는 일반 대중의 믿음에 기초한다. 따라서 이를 남용하지 않고 발권력을 유지하려는 강력한 동기, 즉 '규율적 제약'이 작동한다. 다시 말해 첫 번째-계층 화폐인 금은 금세공사가 규율적 제약을 준수할 때만 존재할 수 있다.

이처럼 예금증서 같은 두 번째-계층 화폐는 발행자의 발권력 남용이라는 위험에 항상 노출되어 있어 본질적으로 불안정하다. 발행자가 언제든 자신의 신용을 악용할 수 있기 때문이다.

돈의 위계 구조는 끊임없이 역동적으로 변화하는 관계의 집합으로 볼 수 있다. 신용이 확대되면 두 번째-계층 화폐의 규모가 커지면서 통화 피라미드가 팽창한다. 이처럼 신뢰도가 높은 국면에서는 금화와 예금증서 간의 차이가 드러나지 않고 사람들은 예금증서를 스스럼없이 받아들인다. 자신이 요청하면 언제든 금으로 바꿔줄 거라고 믿기 때문이다. 더구나 금화나 금괴로 최종 결제를 하려면 힘들고 복잡하며 여러 위험에 노출되는 데 반해 예금증서는 매우 편리하게 사용할 수 있다.

이와 달리 통화 피라미드가 수축기에 접어들면 그 반대 현상이 벌어지면서 '돈' 그리고 '돈과 유사한 기능을 하는 수단' 간의 차이가 뚜렷해진다. 이전에 신뢰도가 높다고 여기던 화폐를 원하는 사람들이 사라지면서 해당 화폐 보유자는 금화같이 화폐 위계 구조상 계층이 높은 화폐를 얻기 위해 자신의 화폐를 급처분한다. 피라미드 축소는 뱅크런bank run이라 부르는 현금화 요구로 이어지며 결국 금융위기가 찾아온다. 이 같은 위기는 통화 피라미드에서 더 높은 곳으로 오르려는 시도라고 할 수 있다. 낮은 계층 화폐를 보유한 사람은 더 우월하고 높은 계층의 화폐를 확보하기 위해 신속하게 움직인다.

정산 문제

동전이 안고 있는 문제를 해결하는 과정에서 계층 화폐가 발전하면서 새로운 문제가 대두되었다. 두 번째 계층에 위치한 화폐들의 양식과 형태가 모두 다르다는 것이다. 하지만 그 상황은 16세기 안트베르펜Antwerpen에서 일어난 사건으로 완전히 바뀌었다. 두 번째-계층 화폐들을 거래하는 전용시장이 탄생한 것이다.

전용시장 등장으로 송금 안정성이 크게 높아지자 화폐 유통 속도가 대폭 개선되었다. 가령 은행 네트워크로 자금을 전송하면서 분실이나 도난 사고를 당할 위험이 없어졌다. 사기나 지불불능 사태는 여전했지만 동전을 화물로 운송하는 일이 크게 줄어든 것만으로도 국제무역 거래에 커다란 발전이 이뤄졌다.

상인과 은행가는 금화와 은화 실물을 보낼 필요 없이 자신의 재무상태표와 광범위한 네트워크망을 활용해 대륙 곳곳으로 돈을 쉽게 보낼 수 있었다. 당시 귀금속을 실물로 운반하려면 큰 위험을 감수해야 했다. 곳곳에서 해적이 들끓고 해상보험은 아직 걸음마 단계였기 때문이다. 채권과 채무를 상계하고 나머지 차액만 유지하면 최종 결제를 사실상 무기한 연기할 수 있는 지연 결제 방식을 보다 많이 사용하면서 통화의 유통 속도는 대폭 빨라졌다.

은행의 부채가 폭발적으로 증가하고 두 번째-계층 화폐를 널리 활용하면서 거래를 최종 정리하는 정산clearance 방법과 절차가 문제로 떠올랐다. 아직 환어음 정산 시스템이 존재하지 않았던 것이다. 당시 환어음은 조건과 형식이 제각각이었고 표준화되지 않은 환어음이 현금으로 통용될 수는 없었다. 나중에 금과 은으로 지불하겠다는 단순한 약속일 뿐, 돈의 주요 기능 중 하나인 대체성을 확보하지 못한 상태였기 때문이다.

통화 단위도, 만기일도 서로 다른 환어음은 아주 정적인 수단으로만 작동했으며 결코 현금처럼 사용할 수 없었다. 서로 꼭 빼닮은 환어음 두 개를 찾아내는 것조차 어려운 상황이었다. 이처럼 환어음상의 계약 조건이 통일되지 않아 사람들은 서로 환어음을 교환하려 하지 않았고 거래상대방을 신뢰하는 문화도 아직 발전하지 못한 단계였다.

15세기 들어 비록 느리지만 환어음상의 만기일을 통일하려는 뚜렷한 움직임이 나타났다. 은행가들이 자신의 주요 고객인 상인의 관행에 따라 유럽 상인 정기시장Merchant fair 개최 주기에 맞춰 환어음 만기일을 지정하기 시작한 것이다. 프랑스부터 플랑드르에 이르기까지 유럽 전역에서 주기적으로 열린 정기시장에서 상인들은 면 제품, 실크, 후추, 향신료 같은 각종 상품과 더불어 주화와 환어음을 거래했다. 이 정기시장은 유럽 전역에서 모여든 상인과 은행가가 서로 유동성을 조절하고 채권과 채무를 상계 처리하는 등 자산과 부채를 정산할 수 있는 최적의 장소였다. 다만 거래가 계절별로 이뤄져 환어음 정산이 1년에 네 번으로 제한을 받았다. 즉, 두 번째-계층 화폐를 1년에 네 번만 거래했기에 아직 회전율에 한계가 뚜렷했다.

결국 환금성이 떨어지는 두 번째-계층 화폐는 현금화가 쉽지 않았던 탓에 정기시장이 열리지 않는 기간에는 동전만 현금으로 간주했다. 다시 말해 당시 현금으로 기능한 화폐는 귀금속 주화뿐이었다. 환어음은 만기일에 적합한 인수자에게 제시하지 않는 한 귀금속으로 바꿀 수 없었다. 매수인과 매도인이 상시적으로 환어음을 거래할 수 있는 시장이 존재하지 않았기 때문이다.

이런 상황은 안트베르펜에 '연중 상설 거래시장'이 생기면서 근본적인 변화를 맞이했다. 유럽 여러 도시에서 열린 정기시장에서만 매 분기에 한 번씩 정산이 가능하던 시공간적 제약을 뛰어넘게 된 것이다.

상설시장

1531년 안트베르펜 거래소 설립으로 금융시장이 탄생하면서 화폐혁명이 일어났다. 당시 금융시장은 환어음과 금화 보관증, 기타 귀금속 지급을 보증하는 약속증서 같은 두 번째-계층 화폐 수단을 거래하는 시장을 의미했다. 증권거래소를 뜻하는 단어 'Bourse'는 벨기에 북부에 위치한 도시의 이름 '브루게Brugge'에서 유래했다. 증권거래소는 프랑스어로 'bourse', 독일어로는 'börse'다.

1421년 잉글랜드의 섬유 상인들이 안트베르펜을 무역 중심지로 만들겠다고 결정하기 전까지 브루게는 북유럽 상업의 허브 역할을 하던 도시였다. 브루게 거래소가 금융거래 정산을 위한 조용한 회의장 역할을 했다면 안트베르펜 거래소는 활력 넘치는 거래자들이 모이는 곳이었고, 여기에서 세계 최초로 현대식 금융거래가 일어났다. 결국 거래소는 전 세계에서 금융거래소를 의미하는 단어로 쓰이게 된다.

금융거래소는 사상 최초 증권거래소인 안트베르펜 거래소와 마찬가지로 '가격 발견price discovery'이 일어나는 장소다. 가격 발견이란 말 그대로 시장에서 자산을 거래하며 적절한 가격을 발견하는 과정을 뜻한다. 매도인과 매수인 간의 거래를 관찰하는 중에 가격이 출현하거나 발견되는 것이다. 자유로운 거래 환경을 조성하면 어떤 것이든 적합한 가격이 매겨진다.

안트베르펜은 주화와 환어음 간의 거래뿐 아니라 두 번째-계층 화폐인 어음이나 각종 약속증서를 아무런 규제 없이 자유롭게 거래할 수 있는 장소로 유명해졌다. 더구나 이런 거래를 위해 별도의 면허가 필요한 것도 아니었고 세금도 부과하지 않았다. 덕분에 유럽 모든 국가 상인들에게 천국과도 같던 이 도시는 16세기 세계 경제 중심지로 부상했다. 당시 이곳은 포르투갈, 스페인, 잉글랜드, 독일에서 모여든 상인들로 북적이는 활력 넘치는 국제무역의 허브였다.

봄과 가을에 열리는 안트베르펜 정기시장에서 잉글랜드는 그 시대 최첨단 물품이던 섬유 제품을 선보였다. 포르투갈 상인들이 가져온 동인도산 후추를 비롯해 스페인, 독일, 이탈리아, 프랑스 상인들이 판매하는 아메리카 대륙의 은 제품도 거래가 이뤄졌다. 이 모든 종류의 무역거래는 상업은행가들의 주요 관심 분야인 동시에 두 번째-계층 화폐를 발행할 유인으로 작용했다. 특히 안트베르펜 거래소는 개장하자마자 '상설 정기시장'으로 널리 알려졌고 계절별로 이뤄지던 금융거래 정산 절차가 실시간 시스템으로 진화하는 계기가 되었다.

안트베르펜 거래소에서 현금에 대한 우리의 인식을 귀금속에서 종이로 변환하는 현대적 의미의 금융시장이 탄생했다. 이 변화는 은행가들이 이룩한 '할인discounting'과 '약속어음 발행note issuance'이라는 두 가지 혁신에 기반해 계층 구조 화폐를 발전시킨 결과였다.

신생 거래소에서 은행가들은 수백 종류의 서로 다른 동전 화폐와 씨름하며 시간을 보내지 않았다. 그들은 돈의 손바뀜을 빨리 해서 화폐의 유통 속도를 높이는 데 동전이 걸림돌로 작용한다는 것을 알아챘다. 지연 결제, 재무상태표 기반의 회계 방식, 종이 화폐라는 세 가지 요소를 잘 혼합해야 화폐의 유통 속도를 높일 수 있음을 깨달은 것이다.

운영 초기 안트베르펜 거래소에서 이뤄진 금융거래는 거의 대부분 환어음 거래였다. 하지만 금융시장 거래자들은 점차 이전에 존재하지도, 시도하지도 않았던 '유동성(환금성)'이라는 특성을 환어음에 부여하고 인정하기 시작했다. 덕분에 화폐 유통 속도가 급속도로 개선되었다. 증권거래소 개장 이전에는 분기별로 발행해 다음 정기시장이 열릴 때까지 부채를 중개할 목적으로 쓰였던 두 번째-계층 화폐가 안트베르펜에서 사실상 현금으로 한 단계 진화한 것이다.

화폐의 시간 가치

안트베르펜의 상인과 은행가들은 화폐의 계층 구조를 창의적으로 응용할 경우 인류사회 진보를 위한 신기술로 활용할 수 있음을 간파했다. 은행가들이 알아챈 그 마법의 신기술은 무엇일까? 바로 현대 금융에서 기본 개념으로 널리 쓰이고 있는 '할인'이다.

그럼 화폐의 시간 가치와 관련된 개념인 할인의 간단한 사례를 살펴보면서 이를 이해하고 안트베르펜 은행가들이 화폐 시스템에 기여한 것이 무엇인지 알아보자.

가령 한 달 뒤 100달러와 바꿀 수 있는 어음을 오늘 은행에서 98달러에 샀다고 해보자. 이런 거래를 하는 이유는 한 달 동안 기다렸다가 그동안 불어나는 2달러를 얻기 위해서다. 일반적으로 이를 '화폐의 시간 가치time value of money'라고 하는데 그 이유는 기다리는 시간으로부터 가치가 창출되기 때문이다. 말하자면 기다리는 대가로 돈을 받는 셈이다.

16세기 안트베르펜에서는 금융시장이 문을 열기 전 환어음을 현금으로 바꾸려면 한 달을 기다려야 했다. 이 경우 현금으로 바꾸기 전까지는 원금과 만기일이 적힌 증서를 들고 있어야 한다. 만기일이 아직 오지 않았어도 이 증서는 여전히 가치를 지니고 있다.

그런데 한 달이 아니라 2주 뒤 어음을 현금으로 바꿔 유동성을 확보해야 한다면 어떻게 해야 할까? 만기일 이전에 내가 가진 어음을 현금으로 바꿔줄 은행가를 찾아야 한다. 이때 은행가는 어음을 구입한 가격(98달러)과 어음 액면가(100달러)의 차이를 고려해 그 중간에 해당하는 99달러를 준다. 이처럼 은행가가 만기에 돌려받는 액면가 100달러에서 1달러를 차감한 99달러를 주고 어음을 사는 과정을 '할인'이라고 한다. 이 거래에서 어음을 판 사람은 당장 현금을 얻어서 좋고 은행가는 한 달 뒤 100달러를 얻으니 좋다.

이처럼 안트베르펜 금융시장 거래자들은 할인 개념에 기반해 그날그날 화폐의 시간 가치를 가격으로 표시할 수 있게 되었다. 마침내 세상이 종이 화폐 가격을 알게 된 것이다. 사실 이 시기 안트베르펜에서 금융 전문 매체가 등장한 것은 증권시장이나 국채 때문이 아니라 상인들이 거래하는 상품과 은행가가 거래하는 두 번째-계층 화폐의 일일 가격 변동을 상세히 보도하려는 목적에 서였다.

안트베르펜에서 현대적 의미의 금융시장이 성공적으로 태동할 수 있었던 비결의 마지막 퍼즐은 바로 약속어음 발명이다. 이전까지 금융시장 거래는 무작위적인 분기 단위의 산발적 거래였지만 약속어음 출현으로 금융시장에서 지속적인 거래가 가능해졌다. 약속어음은 안트베르펜 거래소에서 은행가들이 미수 잔액을 정리할 목적으로 발행한 또 다른 형태의 신용증권으로, 새로운 유형의 두 번째-계층 화폐라 할 수 있다.

약속어음은 누구든 어음을 소지한 사람에게 대금 지급을 약속하는 것으로, 현재 우리가 현금 혹은 지폐currency note로 간주하는 것의 직접적인 전신이다. 이전까지 유통된 두 번째-계층 화폐는 항상 수취인을 특정해 그 이름을 증서에 기재했으나 약속어음은 수취인을 특정하지 않고 증서를 소지한 사람이 소유권을 획득하는 혁신적인 방식이었다. 현재 우리가 사용하는 지폐에 특정인이 수취인으로 적혀 있다면 누가 현금으로 사용하려 하겠는가. 이처럼 애초 거래대금 정산을 위해 사용한 약속어음은 점차 현금과 동일한 기능을 하는 수준으로 발전했으며 최적의 교환수단 자격을 완비했다.

〈그림 5〉는 16세기 안트베르펜 시대 화폐의 계층 구조를 보여준다.

<그림 5>

안트베르펜에서는 이자율 차이를 이용해 이익을 취하는 차익거래arbitrage 중개인도 활동했다. 예를 들어 한 마을에서 사과를 1달러에 구입해 다른 마을에서 2달러에 판매할 수 있다면 차익거래 기회가 생긴다. 차익거래 기술은 상업 역사만큼 오래된 것으로, 중세시대 환전상들이 주화를 환전해주면서 얻은 수익도 차익거래의 한 종류다.

하지만 안트베르펜 거래소를 설립하기 전까지만 해도 두 번째-계층 화폐는 차익거래 대상이 아니었다. 거래소 활성화로 중

개인이 연중 내내 환어음, 약속어음 등을 할인하고 매매하면서 종이 화폐가 상시적으로 환금성과 유동성을 확보하자 귀금속에 과도하게 의존하고 있던 기존 국제통화 시스템에 서서히 변화의 바람이 불었다. 세계 최초의 금융신문이 두 번째-계층 화폐의 거래 가격을 고시할 정도로 독립적인 자산군으로 자리 잡게 된 것이다.

두 번째-계층에 위치한 여러 종류의 화폐 가격을 비교할 때는 개별 가격이 아닌 해당 증서 보유로 얻는 이자율이 얼마인지가 중요했다. 이자율은 돈의 가격을 표시하는 방법 중 하나로, 거래자들이 해당 증서 가치를 평가해 차익을 노리는 수단으로 쓰였다. 거래소에서 거래하는 모든 증서에는 이자율이 있어 은행가들에게 차익거래 기회를 제공했다. 이같이 현대 개념의 환금성과 유동성이 자리를 잡으면서 화폐의 근본 개념은 점차 귀금속에서 종이로 전환되었다. 귀금속은 화폐 시스템이 필요로 하는 다양한 특성을 모두 수행할 수 없는 반면 회계, 증서, 은행가의 네트워크는 이 모든 것에 효율적으로 부응할 수 있다는 것이 분명해졌기 때문이다.

2부

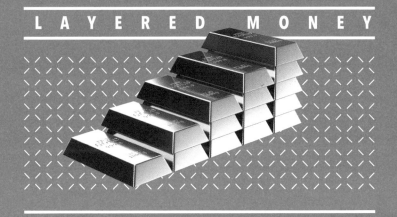

LAYERED MONEY

계층 화폐의 발전과
달러 시스템의 위기

3장

중앙은행

두 번째-계층 화폐가 출현하자 국가권력이 화폐 계층 구조에서 핵심 지위를 장악하기 위해 움직이기 시작했다. 특히 17~18세기 암스테르담은행Bank of Amsterdam과 잉글랜드은행이 화폐 문제와 관련해 정부에 전례 없는 권한을 부여하면서 국가권력이 통화 피라미드 구조 안으로 진입했다. 이들 정부와 신설 중앙은행은 국가가 발행하는 두 번째-계층 화폐만 사용하도록 법률로 강제함으로써 사람들이 화폐 선택의 자유를 누릴 권한을 박탈했다. 국가가 화폐 발권력을 독점하고 국가 이익을 우선적으로 관철하도록 발권력을 행사하면서 오늘날 국가와 화폐는 서로 뗄 수 없는 밀접한 관계를 갖게 되었다. 이러한 관행과 제도는 1609년 암스테르담은행 설립과 함께 시작된 것이다.

오늘날 우리가 '중앙은행' 하면 떠올리는 모든 요소를 사실상 만들어낸 이 두 중앙은행을 살펴볼 때, 그들이 이뤄낸 화폐혁신이 오로지 국가의 정책 과제를 해결하려 추진한 것은 아닌지 추적해보는 것은 매우 중요하다. 또한 두 중앙은행을 살펴보면 세계 기축통화로 간주하는 화폐를 발행한다는 것이 무엇을 의미하는지 알 수 있을 것이다. 이번 장에서는 중앙은행, 세계 기축통화 그리고 세 번째-계층 화폐 출현에 대해 자세히 살펴본다.

즉시 결제

암스테르담은행이 설립될 수 있었던 것은 세계 최초 주식회사인 동인도회사Vereenigde Oostindische Compagnie 덕분이었다. 네덜란드 동인도회사의 전설은 네덜란드가 스헬더강을 폐쇄하면서 바다로 접근하는 것이 불가능해진 안트베르펜이 국제무역 중심지 지위를 잃어버린 1585년에 시작되었다. 스헬더강 봉쇄 조치는 스페인 군주정에서 독립하려 한 네덜란드가 스페인을 상대로 벌인 80년간의 독립전쟁 기간 중에 발생했다. 정치적 동기에서 비롯된 네덜란드 독립전쟁은 잉글랜드, 프랑스, 미합중국이 군주정에서 대의제 형태 정부를 향해 가도록 기여했다는 평가를 받는 역사적 사건이다.

이 독립전쟁의 결과로 통상 네덜란드공화국Dutch Republic이라 불리는 네덜란드연방공화국United Provinces of the Netherlands이 탄생했다. 신생 공화국이 탄생한 이후 다음 세기에 걸쳐 전 세계 금융시장과 모든 금융활동이 암스테르담에 집중되면서 화폐와 비즈니스의 면모가 완전히 새롭게 바뀌었다.

17세기 들어 네덜란드 상인들은 아시아에서 향신료를 사들여 유럽에 되파는 향료 무역시장의 높은 수익률과 성장성을 보고 인도네시아 자바섬으로 향하는 모험가 선단에 투자를 확대했다. 향료무역으로 대박을 터트린 상인들의 이야기가 입소문으로 퍼지고 더 많은 사업가가 향료시장에 참여하면서 아시아 무역은 새로운 투자처로 부상했다. 이때 계피와 생강 거래로 큰 수익을 얻은 상인들은 서로 힘을 모아 단일 조직을 만들면 자본 유치가 용이해져 더 많은 부를 창출할 수 있다는 것을 깨닫는다. 이것이 1602년 역사상 최초 주식회사인 네덜란드 동인도회사의 설립 배경이다.

오늘날 우리에게 주식회사는 지극히 자연스럽고 당연한 존재지만 네덜란드 동인도회사는 투자자가 자본 투자의 대가로 기업 소유권 일부를 종이 증서 형태로 소유한 역사상 첫 번째 사례였다. 네덜란드 정부는 동인도회사에 아시아무역 독점권뿐 아니라 자체 군대를 조직하고 독자적으로 전쟁을 일으킬 수 있는 권한까

지 부여했다. 게다가 대규모 자본을 유치한 네덜란드 동인도회사
는 해외무역에서 경쟁력을 크게 높일 수 있었다.

당시 동인도회사 주식은 매우 인기 있는 투자 자산이었다. 주
식 가치가 뛰면서 초기 투자자는 주식을 매도해 차익을 실현하려
했고 그러한 주식거래 수요는 최초의 주식시장 탄생으로 이어졌
다. 안트베르펜 거래소를 모델로 한 암스테르담 증권거래소가 설
립된 시기는 동인도회사 주식에 대한 시장 수요가 포착된 직후였
다. 암스테르담 증권거래소 설립은 동인도회사가 주도했는데 이
는 자사 주식이 유통시장에서 손쉽게 매매되길 원했기 때문이다.
거래소 설립으로 동인도회사는 모든 거래활동을 감시하는 역량
도 확보해 주식을 불법 거래하는 것을 직접 감시했다.

주식시장 도입으로 금융거래가 엄청난 규모로 증가하면서 이
전보다 높은 수준의 결제 방법이 필요해졌다. 동인도회사 주식에
대한 대중의 관심이 높아지면서 주식거래가 증가했다. 그런데 주
식 매도는 곧 화폐를 구매하는 행위다. 그렇다면 당시 주주는 주
식 매도금으로 어떤 종류의 화폐를 받고 싶어 했을까? 당연히 현
금을 원했는데 이때 만약 자루에 여러 종류의 금화와 은화를 가
득 담아 지급했다면 원활한 주식거래는 불가능했을 것이다.

새롭게 국제무역 허브로 부상한 암스테르담에서는 천 가지 이
상의 다양한 주화를 사용하고 있었다. 이는 세계 최초 주식시장

을 보유한 도시의 입장에서 매우 골치 아프고 불편한 통화 환경이라 모든 종류의 무역과 금융 거래를 효율적으로 뒷받침할 지불과 결제 제도 개발이 절실했다.

그 해결 방안으로 네덜란드 금융기관들이 육성한 조직적인 대안이 바로 1609년 설립한 암스테르담은행이다. 동인도회사 주식을 원활히 유통시킬 필요성이 결제 시스템 발전을 이뤄낸 것이다. 암스테르담은행은 '네덜란드의 플로린'으로 불린 길더guilder를 표준화폐로 삼아 모든 예금자가 무료로 즉시 결제할 수 있는 플랫폼을 출시했다. 식민 사업에서 눈부신 성과를 내고 있는 성공적인 벤처기업을 지원하기 위해 신생 네덜란드공화국만의 화폐가 필요했기 때문이다.

갓 출범한 암스테르담은행이 첫 번째로 수행한 사업은 도시 내에서 활동하던 민간 금융업자cashiers와 이들이 발행한 어음을 불법화하고 모든 금화와 은화를 자신의 은행에 예치하도록 강제하는 일이었다. 그 이전까지 민간 금융업자들은 암스테르담에서 환전상 역할을 하고 있었다. 민간 금융업자들은 금화와 은화를 보관하고 그 보관증을 발행하는 등 첫 번째-계층과 두 번째-계층 화폐를 유통하는 주연 배우로 활약했다.

하지만 암스테르담은행은 민간 금융업자의 활동을 법으로 금지함으로써 경쟁자를 제거하고 손쉽게 자본을 끌어모았다. 영업을 금지당한 민간 금융업자들은 자신이 보유한 귀금속을 전부 암스테르담은행에 넘겨주고 대신 암스테르담은행이 발행한 예금증서를 받아야 했다. 금지 명령이 내려지고 몇 년 뒤 민간 금융업자들은 사업을 재개하도록 허가를 받았으나 주화 보유 기간이 하루에 불과했고 그 기간이 지난 주화는 다시 암스테르담은행에 예치해야 했다. 이처럼 암스테르담은행은 일반 시민이 첫 번째-계층 화폐에 접근할 통로를 원천 차단함으로써 두 번째-계층 화폐를 독점 발행할 수 있는 발권력 확보에 성공했다.

국제 상업 중심지인 암스테르담의 지위에 힘입어 암스테르담은행이 발행한 예금증서는 유럽에서 꽤 인기 있는 화폐였다. 동인도회사가 아시아 식민지에서 원자재를 싹쓸이한 데다 당시로서는 매우 획기적인 주식회사 구조가 인기를 끌면서 자본이 암스테르담으로 물밀듯이 밀려들었다. 이때 암스테르담은행은 혁신적인 기술을 선보인다. 바로 예금자들 간 즉시 이체를 가능케 한 것이다.

예금자들 간 자금이체는 거래 규모에 상관없이 원활하게 이뤄졌다. 계좌이체라는 새로운 기능을 보다 많이 사용하도록 유도하기 위해 내부이체에는 수수료를 부과하지 않았다. 이체는 암스테르담은행의 회계장부를 조정하는 것으로 충분했으며 주화나 증서 교환은 필요치 않았다. 네덜란드 안팎에서 길더를 거래화폐로 선택한 사용자가 증가하면서 주화는 물론 심지어 증서를 사용할 때에 비해 자금이체가 상상 이상으로 간편해졌다(당시 네덜란드에서는 주화의 종류가 많고 금이나 은 힘유량이 낮은 주화가 유통되는 등 주화 변조 문제가 심각했다. 이에 따라 암스테르담 정부는 모든 주화를 암스테르담은행에 예치하도록 법으로 정하고 주화를 예치할 때 그 순도를 일일이 측정해 정확한 가치를 예금액으로 기재했다. 덕분에 암스테르담은행에 예치한 예금액에 대한 신뢰도가 상승했고 일정 금액(600길더) 이상의 거액 거래는 암스테르담은행에서만 처리하도록 의무화하는 등의 조치를 취하자 상거래 시 암스테르담은행 계좌이체를 사용하는 방식이 보편화하고 암스테르담은행 예금을 거래하는 시장이 형성되었다. 암스테르담은행 예금이 주된 거액 결제 수단으로 정착하면서 암스테르담은행이 정한 화폐 단위인 길더는 표준통화 역할을 했다.-역주).

이같이 두 번째-계층 화폐를 즉각 결제하는 혁신 시스템 덕분에 암스테르담은행은 모든 화폐거래의 중심지라는 법적 지위를 확보하면서 사상 최초의 중앙은행이 되었다.

자금거래의 최종 정산, 예금자 간 이체와 결제는 중앙은행의 기반이 된 업무였다. 또한 암스테르담은행은 주식거래에 관한 제도적 대응이자 국가가 예금자 간에 발생하는 모든 거래를 감시하는 수단이기도 했다. 모든 금융거래를 중앙집중적으로 관리하면서 은행 고객 간의 금융관계를 파악하게 됨에 따라 경제에서 일어나는 금융활동을 완벽하게 감시할 수 있었다.

유럽 전역에서 암스테르담은행이 발행하는 화폐 수요가 증가하자 암스테르담은 전 유럽 대륙에 걸친 자본시장의 핵심 축으로 부상했다. 암스테르담은행에 대한 군건한 신뢰를 기반으로 유럽 전역의 상인과 사업가가 보유통화로 비축한 길더는 17세기 당시 세계적인 기축통화로 여겨졌고 그 위상은 18세기 이후까지 지속되었다.

특혜 대출

암스테르담은행은 단순히 금융결제 시스템의 기술혁신만 추구한 것이 아니라 보다 원대한 계획을 구상했다. 그때의 상황을 자세히 들여다보면 동인도회사가 통화 피라미드의 정점에 서서 금융시장 권력과 자원을 자신의 통제 아래 두는 데 성공했음을 알 수 있다.

암스테르담은행은 설립 후 얼마 지나지 않아 동인도회사에 자금을 대출해주고 복식부기의 표준관행에 따라 대출금을 재무상태표에 자산으로 기재했다. 예금자가 은행에 예치한 예금으로 동인도회사에 신용을 제공한 것이다. 이는 은행이 화폐를 자체 생산해 자신의 특수 관계인에게 대출 형태로 발행해주었다는 얘기다. 그리고 이 대출을 통화 피라미드상의 첫 번째-계층 화폐인 금화와 은화 바로 옆자리에 나란히 놓았다. 바야흐로 동인도회사의 신용도를 수천 년간 화폐의 정점에서 군림해온 귀금속과 동일한 수준으로 격상한 것이다.

우리는 여기서 통화 피라미드의 최정상에 위치한 첫 번째 계층 자산이 암스테르담은행에 예치된 귀금속이 아니라 동인도회사에 제공한 대출이라는 점에 주목해야 한다.

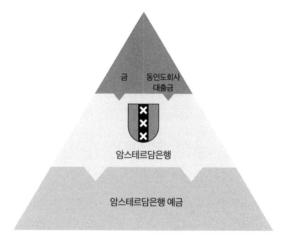

〈그림 6〉

〈그림 6〉은 암스테르담은행의 영향력 아래 재구축된 통화 피라미드로, 동인도회사에 제공한 대출금을 첫 번째-계층 화폐로 묘사하고 있다. 이는 계층 화폐 시스템 진화 과정에서 발생한 중대한 사건이다. 역사상 처음으로 귀금속 혼자 화폐 피라미드의

정점에 서 있지 않게 되었으니 말이다.

　암스테르담은행은 두 번째-계층 화폐를 독점함으로써 사람들의 귀금속 인출 권한을 완전히 박탈하고도 두 번째-계층 화폐에 대한 대중의 신뢰를 유지할 수 있었다. 결코 과소평가할 수 없는 중요성을 함축한 상황이 발생한 것이다. 암스테르담은행은 첫 번째-계층 화폐로의 태환을 중단함으로써 화폐와 금융 시스템 운영에 귀금속이 반드시 필요한 것은 아니라는 점을 입증했다. 중요한 것은 늘 충분한 지급준비금을 보유하려는 은행 자체의 규율적 제약, 아니 보다 정확히 말하면 은행의 자체 규율에 대한 일반 대중의 신뢰였다.

　당시 유럽 사람들은 암스테르담은행이 적절한 지급준비금을 보유하고 있고 예치한 귀금속을 터무니없이 초과해 예금증서를 발행하지 않을 거라고 신뢰했다. 바로 이 신뢰가 화폐 역할을 하는 암스테르담은행 예금증서의 수요를 떠받치고 있었다.

　암스테르담은행이 금이나 은 태환을 사실상 중지하도록 기여한 또 다른 발명품은 오늘날 중앙은행에서도 여전히 활용하는 '공개시장 조작open market operation'이다. 이는 암스테르담은행이 발행한 예금증서가 원활히 거래되도록 금융시장에 충분한 유동성을 꾸준히 제공해주는 시장 활동을 말한다(예를 들어 예금증서 수요 증가로 증서 가치가 상승하면 시장에서 예금증서를 팔고 금화·은화를 매입해 증서 공급량을 늘린다. 반대로 예금증서 수요가 감소하면 금화·은화를 팔고 예금증서를 사들여 증서 공급량을 줄인다.-역주). 암스테르담은행은 스스로 발행한 예금증서와 신뢰도 높은 현금형 화폐를 거래하는 건전한 시장을 제공해 예금증서 수요가 꾸준히 이어지게 함으로써 귀금속을 전혀 양도하지 않고도 재무상태표에 부채로 기재하는 예금증서 가치를 뒷받침할 수 있었다.

즉시 결제, 특혜 대출, 태환 중지라는 세 가지 신기술을 조합해서 만든 새로운 시스템은 강력하면서도 전례 없는 일로 미래 금융에 천문학적인 영향을 미쳤다. 특히 이것은 세계 기축통화의 패권자 자리에 올라서는 잉글랜드은행 탄생에 직접적인 영향을 주었다.

잉글랜드은행

정치 상황이 경제 제도에 영향을 주는 걸까? 네덜란드와 마찬가지로 영국에서도 잉글랜드은행을 설립하기 이전에 압제적인 군주정에 맞서는 정치혁명이 발생했다. 1688년 명예혁명으로 가톨릭 군주인 제임스 2세는 폐위되었고 그의 청교도 딸 메리와 그

녀의 남편 오렌지공 윌리엄이 왕위에 올랐다. 네덜란드처럼 공화제가 왕정을 완전히 대체한 것은 아니지만 잉글랜드는 명예혁명으로 권력의 축이 상당 부분 군주에서 의회로 넘어갔다. 네덜란드의 공화제와 금융 역량을 질시의 눈으로 동경하던 영국인들은 영국 금융 시스템을 대대적으로 재정비해 현대화, 중앙집중화하는 길로 나아갔다.

당시만 해도 잉글랜드는 금융시장을 전혀 중앙집중화하지 않은 상태였다. 주요 은행 업무는 모두 금세공인이 수행했는데 이들은 안트베르펜에서 최초의 금융시장 거래자들이 하던 일을 따라 했다. 영국 금세공인은 예금증서를 발행하고 약속어음을 유통시켰으며 환어음을 할인했다. 그러던 중 대규모 전쟁자금을 조달할 필요가 생기자 영국 국왕은 영세한 금세공인이 주도하는 분산된 금융 시스템의 한계를 절감하고 첫 번째-계층 화폐와 두 번째-계층 화폐 사이를 단 하나의 행위자가 통제하는 모델로 화폐 시스템을 개혁하기로 결심한다.

그 무렵 영국 해군은 얼마 전 프랑스와의 해전에서 완패한 후유증에 시달리며 해군력 재건을 위한 노력의 일환으로 국채를 발행해 돈을 빌렸다. 그렇게 새로 발행될 국채를 매입할 목적임을 분명히 명시하면서 1694년 잉글랜드은행을 설립했는데, 바로 차세대의 위대한 중앙은행이 탄생한 순간이었다. 영국 정부와 잉글랜드은행은 네덜란드 동인도회사와 암스테르담의 선례를 참고해 특혜 대출을 실행하면서 두 번째-계층 화폐의 발권력을 활용했다.

잉글랜드은행은 귀금속 보관, 예금증서 발행, 예금자 간 자금 이체, 은행권 발행 및 유통 같은 추가 업무를 수행했다. 하지만 가장 중요한 것은 환어음을 할인해 런던 금융시장에 유동성을 확대하는 일이었다. 암스테르담과 달리 런던은 중앙은행이 두 번째 화폐의 발권력을 독점하지 않았고 자신과 경쟁 관계에 있는 각종 종이 화폐에 우호적인 자세를 취했다. 다만 시장에 유동성이 필요한 순간 잉글랜드은행이 환어음 할인 등으로 유동성을 제공하려는 의지와 능력을 보여줌으로써 결국 오늘날 중앙은행의 전형으로 자리매김했다.

금본위제

파운드 스털링Pound sterling은 1158년 헨리 왕이 순도 92.5% 은화를 도입한 이래 잉글랜드 통화로 사용되었다.[2] 스털링은 1663년 잉글랜드가 '기니guinea' 금화를 주조하기 전까지 은의 무게를 대표하

---

2 지금도 '스털링 실버sterling silver'는 순도 92.5%의 은을 가리킨다.

는 은화였다. 금이 채굴된 서아프리카의 지명에서 유래한 기니의 등장으로 파운드화는 복본위제라는 귀찮은 문제에 직면했다.

복본위제에서는 금화인 기니와 은화인 실링shilling을 모두 파운드로 표시해 공식 화폐로 사용했다. 하지만 잉글랜드은행 설립 직후인 1717년 수학자이자 물리학자인 아이작 뉴턴 경이 조폐국장 자격으로 금화 기니와 은화 실링 간의 교환비율을 새로 정하면서 복본위제의 운명을 바꿔버렸다. 뉴턴은 당시 유럽의 금과 은의 흐름을 연구하고 복본위제를 채택한 프랑스, 네덜란드, 독일 등 다른 나라에서 정한 금과 은의 교환비율을 조사했다. 그 결과를 바탕으로 뉴턴은 금과 은의 본원 가치를 보다 정밀하게 반영해 이 둘의 새로운 교환비율을 공표했다.

새로운 교환비율이 정해지자 차익거래를 노린 사람들은 은을 수출하고 금을 수입하는 방식으로 수익 극대화를 꾀했고 오래지 않아 잉글랜드에서는 은이 자취를 감추면서 더는 화폐로 쓰이지 않게 되었다(뉴턴은 기존의 '1기니 금화=20실링 은화' 비율을 '1기니 금화=21실링 은화'로 바꿔 금화 가격을 살짝 높였다. 다른 유럽 국가보다 금화 가치가 높아지자 영국 상인과 은행가가 금을 수입해 은화로 바꾼 뒤 이를 녹여 다시 유럽으로 수출하는 차익거래에 나서면서 영국 내에 은화가 자취를 감춰 더 이상 화폐로 사용할 수 없게 된 것이다.-역주). 뉴턴이 미리 계획한 것이었든 아니면 순전한 우연의 산물이었든 결과적으로 전 세계는 최정점에 금이 홀로 서 있는 단일한 통화 피라미드 아래서 움직이게 되었다.

'뉴턴의 교환비율 변경'으로 잉글랜드에서는 은의 사용이 중단되었으나 금본위제가 전면 법제화하기까지는 한 세기가 넘게 걸렸다. 금본위제 정착으로 파운드화 가치는 금으로만 매겨졌다. 잉글랜드의 금본위제는 전 세계로 퍼져나갔고 얼마 지나지 않아 모든 주요국 화폐는 동일한 천체 궤도를 따라 운행하게 되었다. 〈그림 7〉은 20세기 초반의 국제 금본위제를 계층 구조적 관점에서 해석해 시각화한 것이다.

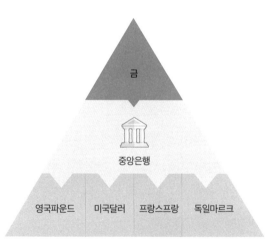

〈그림 7〉

세 번째-계층 화폐

지금까지 첫 번째와 두 번째 계층 화폐 간의 관계 그리고 계층별 화폐 사이에서 활동하는 금융 주체를 살펴보았다. 그러나 화폐 시스템을 보다 깊이 이해하려면 지금까지 설명한 틀에 새로운 계층 하나를 추가해야 한다. 앞서 살펴본 통화 피라미드 사례에서 환어음은 첫 번째-계층 화폐인 금을 지급하겠다고 약속하는 두 번째-계층 화폐임을 설명한 바 있다. 그런데 잉글랜드은행 시대의 환어음은 금이 아니라 파운드화를 지급하겠다는 약속이므로 이는 세 번째 단계에 해당하는 화폐가 된다.

〈그림 8〉을 보면 민간 부문private sector(이 책에서 민간 부문이란 정부기관이 아닌 은행, 비즈니스, 기업가 등을 통칭하는 개념이다.-역주)이 두 번째-계층 화폐를 지불한다는 약속증서를 발행하는데, 이 약속증서는 통화 피라미드의 위계질서에서 잉글랜드은행보다 한 단계 아래에 위치해 있다. 이는 잉글랜드은행권으로 지급할 책임이 있는 것으로 재무상태표에 민간 부문 부채로 기재하며 세 번째-계층에 존재한다.

〈그림 9〉는 독자들이 새로운 세 가지 계층 구조에 익숙해지도록 전통 재무상태표 방식으로 표시한 것이다. 세 번째-계층 화폐가 반드시 두 번째-계층 화폐보다 남용에 취약하다고 할 수는 없

첫 번째-계층 화폐 (최종 결제 화폐)

- 금
- 영국국채 } 중앙은행 본위자산

두 번째-계층 화폐 (첫 번째-계층 화폐의 부산물)

- 잉글랜드은행 예금
- 잉글랜드은행 은행권(파운드) } 금으로 지급할 것이라는 중앙은행의 약속

세 번째-계층 화폐 (두 번째-계층 화폐의 부산물)

- 민간은행 예금
- 환어음 } 잉글랜드은행권으로 지급할 것이라는 민간은행의 약속

〈그림 8〉

잉글랜드은행 재무상태표

자산	부채
첫 번째-계층	두 번째-계층
금, 영국 국채	잉글랜드은행권, 잉글랜드은행 예금

민간 부문 재무상태표

자산	부채
두 번째-계층	세 번째-계층
잉글랜드은행권, 잉글랜드은행 예금	예금, 환어음

〈그림 9〉

지만 금화같이 거래상대방 위험이 없는 자산의 안전성에서 더 멀어진 것은 사실이다.

예를 들어 예금자가 은행의 재무상태 악화를 우려해 세 번째 계층에 있는 은행예금 대신 금화를 원할 경우 두 번의 거래를 거쳐야 한다. 우선 자신의 예금을 잉글랜드은행 은행권으로 바꾼 다음 잉글랜드은행 은행권을 다시 금화로 바꿔야 한다. 만일 애초에 두 번째-계층 화폐인 잉글랜드은행 은행권을 소유했다면 단 한 번의 거래로 원하는 금화를 획득했을 것이다.

암스테르담은행이 중앙은행의 기본 구조를 마련했다면 중앙은행 모델을 정립한 것은 잉글랜드은행이다. 이는 결코 쉬운 과정이 아니었고 많은 우여곡절을 겪어야 했다.

1694년 발행한 잉글랜드은행의 첫 설립인가는 유효기간이 11년에 불과했고 인가가 만료되면 잉글랜드은행은 정부와 협상을 벌여야 했다. 인가 재협상 시기가 오면 정부는 지출 재원 조달 방안에 관심을 집중한 반면, 잉글랜드은행을 소유한 민간주주들은 은행의 주가를 올려 자신의 이익을 극대화하는 데 골몰했다. 정부가 설립인가 기한을 연장해줄 때마다 잉글랜드은행의 금융 권한을 추가로 확대했기 때문에 설립인가를 갱신하면 잉글랜드은행 주가는 큰 폭으로 상승했다(잉글랜드은행은 민간주주가 지분을 100% 소유한 주식회사 형태의 특허기업으로 운영하다 1946년 영국 정부에서 지분을 전량 인수해 국유화했다. 흥미롭게도 미국 중앙은행인 연방준비제도Federal Reserve System 역시 민간주주가 지분을 100% 소유하고 있는데 정확한 주주현황은 지금도 베일에 싸여 있다. 잉글랜드은행은 1944년 브레튼우즈 체제 확립으로 파운드화가 기축통화 지위를 완전히 상실했다는 것이 분명해진 이후 민간회사에서 국영기업으로 공식 전환되었다.-역주).

1742년 인가를 갱신할 때 잉글랜드은행은 잉글랜드에서 지폐를 발행하는 독점적 지위를 굳혔다. 민간 부문에서는 증서 소지자가 요청할 때 금 지급을 약속하는 두 번째-계층 은행권을 더 이상 발행할 수 없었다. 민간 부문이 화폐 피라미드의 세 번째-계층으로 영원히 밀려난 것이다. 이후에도 잉글랜드은행은 몇 차례 더 인가를 갱신했고 법 개정을 거쳐 1844년에야 영구적 지위를 획득했다.

탄력성과 취약성

계층 구조의 아래쪽으로 내려갈수록 화폐 탄력성이 증가하는데 그 이유는 뭘까? 화폐의 두 번째-계층에서는 부분준비금 제도를 적용하므로 잉글랜드은행의 은행권은 탄력적이다. 자신들의 금고에 보관한 금보다 더 많은 은행권을 발행할 수 있어서다. 잉글랜드은행보다 한 단계 아래에 위치한 민간 부문이 예금증서를 발행할 때는 이 탄력성이 더욱 커지는데, 이는 예금증서의 지급 준비금인 잉글랜드은행 은행권도 부분적으로만 보유해도 되기 때문이다.

화폐 피라미드가 팽창할수록 보다 아래쪽에 위치한 화폐는 탄력성이 커지는 반면 이는 단지 위 단계 화폐의 부차적 산물이므로 안정성은 더욱 떨어진다. 화폐 탄력성이 작동하는 원리를 염두에 두면 잉글랜드은행이 금융공황에 어떻게 대처했는지, 통화 피라미드를 기어올라 보다 안전한 형태의 돈을 확보하려 몸부림치는 사람들의 행동에 어떻게 반응했는지 이해할 수 있다.

최후의 대부자

잉글랜드은행의 은행권은 금 태환이 가능하다는 태생적 이점과 국가 주권에 대한 신뢰성에 힘입어 현금으로 각광을 받았다. 그렇지만 잉글랜드은행 은행권은 어디까지나 두 번째-계층 화폐일 뿐이었다. 금과 잉글랜드은행 은행권의 차이는 금융위기가 도래할 때 확연히 두드러졌다.

1796년 공황은 대서양 건너 신생 미합중국에서 토지 거품이 꺼지면서 촉발되었다. 영국은 디폴트 파도에 휩쓸렸고 이는 잉글랜드은행의 뱅크런Bank run으로 이어졌다. 모두가 두 번째-계층 화폐에서 탈출해 첫 번째-계층 화폐인 금화로 태환하려 했기 때문에 잉글랜드은행의 금 보유고는 고갈되고 말았을 것이다. 만일 그다음 해인 1797년 은행제한법Bank Restriction Act을 제정해 모든 잉글랜드은행 은행권의 금 태환을 법으로 금지하지 않았다면 말이다. 금 태환 중지법은 이후 20년 동안이나 유지되었다.

이 같은 금융공황은 부분준비금과 화폐 탄력성을 기반으로 구축한 통화 피라미드 아래서는 피할 수 없는 숙명과도 같다. 그렇지만 잉글랜드은행은 금 제약에 묶여 주저앉아 있지 않았고 자신의 두 번째-계층 화폐는 금 없이 홀로 설 수 있다는 강력한 신호를 보내려 했다. 잉글랜드은행이 금 태환 없이 자신의 부채를 스스로 감당하려면 위기가 발생했을 때 표준통화라는 지위와 자신의 귀금속 보유분을 훼손하지 않으면서도 두 번째-계층 화폐를 창출할 권능을 확보해야 했다.

잉글랜드은행은 보유한 금을 보호할 수단을 갖추고 있었지만 세 번째-계층에서 시작되는 위기에 맞설 방법도 필요했다. 예를 들어 민간 부문 환어음시장에서 갑자기 유동성이 말라버리는 위기가 찾아올 수도 있다. 잉글랜드은행은 위기 시 환어음 가격이 바닥으로 떨어지는 상황이 오지 않도록 환어음을 적극 할인해 시장에 유동성을 공급할 의지와 능력을 보여줘야 했다. 위기가 발생했을 때 표준통화 제공자로 살아남기 위해서라도 탄력적인 화폐 시스템의 최후 방파제 역할을 해야만 했다.

1873년 영국의 저명한 작가이자 〈이코노미스트〉 창립자인 월터 배젓Walter Bagehot은 중요한 저서 《롬바드가: 금융시장에 대한 설명Lombard Street: A Description of the Money Market》을 발간했다. 배젓은 이 책에서 환어음시장의 작동 원리와 금융위기를 해결하기 위해 잉글랜드은행을 어떻게 운영해야 하는지 자세히 설명했다. 그는 중앙은행은 금융 시스템 내에서 '최후의 대부자lender of last resort'로 행동해야 한다고 주장했다. 배젓이 제시한 해결책은 잉글랜드은행이 신용이 확실한 어음을 담보로 하여 징벌적이지만 합리적인 금리로 현금을 아낌없이 대출해야 한다는 것이었다.

'은행 지급준비금의 최종 보유자는 위기 시 양호한 증권을 제시하는 모든 이에게 돈을 신속하고 아낌없이 지속적으로 빌려 줘야 한다.'

이 시대에 발생한 금융위기는 갑작스러운 현금 수요 증가와 맞물려 있다. 세 번째-계층 화폐를 발행하거나 보유한 사람들은 두 번째-계층 화폐인 잉글랜드은행의 은행권을 필요로 했다. 배젓은 시장에서 현금 수요가 늘어나면 중앙은행이 두 번째-계층 화폐를 생산해 해당 수요를 충족해야 한다고 주장했다. 이때 탄력성을 충분히 발휘하되 모럴 해저드를 조장하지 않을 정도의 규율은 유지해야 한다. 모럴 해저드는 재정 상황 악화 시 정부나 중앙은행이 구원해줄 것을 예상해 금융기관이 과도한 위험을 지는 경우 발생한다.

따라서 잉글랜드은행은 일시적으로 자금 지원이 필요한 경우라고 판단되는 어음은 할인을 해서 유동성을 제공해야 하지만, 금융 환경과 무관하게 부도가 예상되는 어음은 지원 대상에서 제외해야 한다. 만일 화폐 탄력성이 급히 필요한 상황인데도 유동성을 제때 공급되지 않으면 부도가 눈사태처럼 발생해 세 번째-계층 화폐 전체로 확산된다. 배젓은 시스템이 절박하게 필요한 순간에는 중앙은행이 두 번째-계층 화폐를 풍족하게 창출해야 한다는 결론을 내렸다. 이후 그의 제언은 중앙은행의 교과서적인 활동 교범으로 줄곧 자리를 잡았다.

'화폐 창출 능력에는 책임감이 따르며 필요한 경우 통화를 보호하기 위해 어떤 조치라도 취해야 한다.'

19세기에 파운드 스털링은 세계 기축통화 역할을 했고 영국의 위상과 안정성을 신뢰한 다른 국가에서는 파운드를 저축 수단으로 활용했다. 대영제국이 지구 표면적의 절반을 차지할 정도로 확대되면서 잉글랜드은행은 자국 통화를 전 세계인이 사용하는 상황을 유지해야 하는 커다란 어려움에 직면했다. 물론 파운드 스털링이 이러한 난관을 헤쳐나가기 위해 고군분투한 마지막 화폐는 아니었다. 대서양 건너편에서 이미 차세대 기축통화가 날개를 펼 준비를 하고 있었다.

4장

미국 연방준비제도

"금만이 돈이며 나머지는 모두 신용일 뿐이다."

—1912년 미 의회에서 J. P. 모건

파운드는 20세기 들어서도 여전히 세계 기축통화로 남아 있었지만 점점 미국달러에 밀려 설 자리를 잃고 있었다. 산업혁명기에 코닐리어스 밴더빌트, 존 D. 록펠러, 앤드루 카네기, J. P. 모건, 헨리 포드 같은 부유한 기업인이 미국 통화 수요를 자극하는 세계적인 기업을 일궈냈다. 세계는 새로운 엘리트 기업이 만든 상품, 서비스, 주식을 사기 위해 달러를 원했는데 이 시기 미국에는 아직 중앙은행이 존재하지 않았다.

하지만 1907년 샌프란시스코에서 발생한 거대한 지진이 금융 위기를 촉발하자 미국 정부는 월터 배젓의 저서를 참고해 최후의 대부자 역할을 할 조직을 설립함으로써 금융 시스템의 중심으로 삼고자 했다. 연방준비제도Federal Reserve System는 새로 설립한 미국 중앙은행으로 1914년 이미 세계 기축통화 지위에 근접해 있던 '달러'를 자신의 통화로 물려받았다. 덕분에 세 계층으로 구성된 화폐 시스템은 공식적인 틀을 갖추었고 민간은행은 자신의 재무상태표에 기반해 세 번째-계층 화폐를 발행할 수 있었다.

기축통화로서의 지위가 위태로워지고 있긴 하지만 달러는 여전히 세계 기축통화의 왕좌를 지키고 있으며 오늘날에도 연방준비제도(이하 '연준')는 전 세계 화폐 위계질서의 정점에 서 있다. 계층 화폐 개념을 활용하면 우월성과 취약성을 모두 지닌 달러의 복잡한 양면성을 보다 쉽게 설명할 수 있는데 그 내용은 다음 세 개의 장에서 다룬다.

이번 장에서는 세 계층으로 이뤄진 연준의 달러 피라미드를 세분화해서 살펴보고, 다음 장에서는 연준과 미국 정부가 금을 첫 번째-계층 화폐에서 과감하게 제거하는 과정을 알아본다. 마지막으로 왜 국제 통화 시스템이 2007년부터 깊은 수렁에 빠져들었는지, 왜 날이 갈수록 글로벌 통화 재설정 요구가 커지는지 그 이유를 다루고자 한다.

미국의 초기 화폐

신대륙 탐험기의 여러 식민지에서는 돈의 형태가 지역마다 천차만별이었다. 초기에는 식민지에 조폐기관이 없었으므로 주화가 다양하지 않았으며 유럽 주화는 통화로 사용할 수 있을 만큼 수량이 충분하지 않았다. 이에 따라 식민지에서는 현지의 화폐 형태를 사용했는데 가령 뉴욕에서는 17세기까지도 여러 원주민 부족이 화폐로 사용하던 조가비 구슬 왐펌wampum을 법화로 통용했다. 버지니아에서는 세계적인 농작물 수요를 기반으로 담배가 첫 번째 계층의 화폐 자산이자 통화 피라미드의 근간이 되었다. 계산 단위는 '담배 파운드pound-of-tobacco'였고 두 번째-계층 화폐로 담배 파운드를 인도하기로 약속한 어음을 발행해 현금처럼 통용했다.

조가비와 담배는 화폐의 특성을 전부는 아니어도 일부 지니고 있었기 때문에 지역화폐로 통용하기에 충분했다. 둘 다 완벽한 화폐는 아니었으나 수십 년 동안 화폐 역할을 성공적으로 수행했다. 조가비와 담배 모두 나눌 수 있었고 작위적으로 만들기 어려웠으며 비교적 대체가 쉬우면서도 꽤 내구성이 있었다.

하지만 결국에는 역사적으로 우월한 화폐인 금화와 은화가 교환 수단과 계산 단위 기능을 넘겨받았다. 시간이 흐르자 식민지에서 외국 금화와 은화가 통화로 유통되기 시작했는데 이들에게 가장 인기가 있었던 주화는 스페인의 은화 달러였다. 1784년 토머스 제퍼슨은 《화폐 단위와 미국의 주화 도입 해설Notes on the Establishment of a Money Unit, and of a Coinage for the United States》을 발표하고 달러를 미국의 새로운 화폐 단위로 사용하자고 주장했다.

'달러는 이미 잘 알려진 주화로 국민 모두에게 가장 익숙한 통화다. 남부에서 북부에 이르기까지 화폐로 채택해 우리의 통화로 인식하고 있으므로 이미 도입해 사용하는 그것을 공식 화폐로 승인할 것을 제안하는 바다.'

화폐 혼용

미국이 독립을 선언하고 16년 후인 1792년 미합중국 2대 의회는 화폐주조법Coinage Act을 통과시켜 달러를 공식 계산 단위로 채택하고, 1달러의 가치는 1.6그램의 금이나 24그램의 은과 동일하다고 규정했다. 이후 108년 동안 미국은 몇 가지 서로 다른 통화제도를 실험했다. 초기에 금과 은의 교환비율을 조정했을 때는 영국의 조폐국장이던 아이작 뉴턴이 교환비율을 조정한 것과 상반되는 결과가 나타났고 수십 년 동안 금이 사용되지 않았다.

1791년과 1812년에는 중앙은행 두 개를 설립했으나 20년의 인가 기간이 끝나자 모두 폐지했다. 초창기에 대다수 미국인은 중앙은행의 화폐 관리를 신뢰하지 않았다. 중앙은행은 작은 성부의 이상과 상충하는 안티테제로 여겨져 정치적 비난에 시달렸고 결국 설립인가를 연장하지 못했다.

　　19세기에는 중앙은행의 두 번째-계층 화폐 대신 민간은행이 발행한 은행권이 실용적인 형태의 현금으로 기능했다. 민간은행 은행권은 미국 정부 채권인 미국채United States Treasuries로 보증되었다. 1902년 미국채로 보증된 지폐에 기록된 공식 표현 사례를 보면 다음과 같다.

　　'미합중국 재무부에 예탁한 미국 국채가 보증하는 국가 통화. 본권 소지자가 요구 시 샌프란시스코의 아메리칸내셔널뱅크가 10달러를 지급할 것임.'

　　민간은행 은행권 외에 미국 정부가 발행한 금 보관증도 현금으로 통용되었다. 19세기 후반에는 남북전쟁을 위한 재원 마련을 위해 종이 화폐인 그린백greenback을 발행해 현금으로 통용했는데 그린백은 귀금속으로 교환할 수 없었다. 요컨대 미국은 전국적으로 통용되는 여러 종류의 두 번째-계층 화폐를 혼용하고 있었다. 더구나 중앙은행과 공식 통화제도가 없는 상황이라 두 번째와 세 번째 계층을 구분하기가 어려웠다.

한편 유럽 여러 나라에서 금 태환이 가능한 두 번째-계층 화폐 사용이 보편화하며 영국에서 시작된 국제 금본위제가 전 세계로 퍼져갔다. 그 여파로 미국에서도 다시 금을 사용하기 시작했다. 1900년 '금본위제Gold Standard Act' 법이 통과되면서 통화제도의 모호한 상황은 끝났고 은의 화폐 기능은 중단되었으며 1달러를 1.5그램의 순금으로 고정했다. 1트로이온스troy ounce의 금 가격은 1834년 이래 20.67달러로 변동 없이 유지되고 있었다.[3] 당시 미국은 이미 실질적으로 금본위제를 적용하고 있었기 때문에 이 법안은 그저 형식적인 절차였지만 한편으로 달러라는 통화 브랜드의 이미지 제고를 위한 필수 과정이기도 했다. 이제 미국은 중앙은행 설립을 한 번 더 시도할 준비를 갖췄다.

준비금

1906년 진도 7.9의 지진이 샌프란시스코를 강타해 캘리포니아에서 대규모로 인명과 재산 피해가 발생했다. 사망자가 3,000명

---

3   트로이온스는 일반 온스보다 10% 무겁다. 이것은 16세기 이후부터 귀금속 무게를 측정하는 단위로 쓰였다. 이 책에서 언급하는 귀금속 무게는 트로이온스 기준이다.

이 넘고 도시 대부분이 파괴되었다. 캘리포니아 지진은 우회적으로 연방준비제도가 탄생하는 데 영향을 미쳤다. 당시 샌프란시스코의 부동산은 상당 부분이 런던의 보험사에 가입돼 있었다. 영국 보험사들은 샌프란시스코 지진으로 막대한 보험금을 지급해야 했고 이때 거액의 자본이 캘리포니아로 밀려들었다.

1906년 말 잉글랜드은행은 달러 대비 파운드화 환율 방어를 위해 금리를 무려 2.5% 인상했다. 이는 미국달러로 흘러가는 자본을 되돌리려는 노력의 일환이었는데 이 조치가 효과를 발휘했다. 높은 금리의 혜택을 보기 위해 자본이 미국에서 영국으로 환류하면서 미국 경제는 수축기에 접어들었고 이어 금융위기가 닥쳤다.

위기가 발생하자 미국 금융기관이 발행한 두 번째, 세 번째-계층 화폐에서 조금이라도 빨리 벗어나야 한다는 공포가 시장을 지배했다. 신용도를 조금도 의심받은 적 없는 미국의 우량 금융기관이 발행한 화폐도 예외는 아니었다. 미국 민간 부문이 발행한 모든 화폐와 채권은 투매 대상이 되었다.

1907년 패닉 당시 미 전역의 예금자들은 은행예금을 인출해 금화나 미국채처럼 더 높은 계층의 화폐로 교환하려 했다. 이는 보다 안전한 통화 피라미드 상단으로 올라가려는 움직임이었다. 전국에서 인출 사태가 벌어지자 지역은행은 뉴욕 은행가에 지원을 요청했고 위기가 고조되면서 은행계의 거물 J. P. 모건이 직접 개입했다. 휘청거리는 은행들의 금융 구제책 마련을 주도하고 금융 시스템을 구원한 모건에게는 다른 선택지가 없었다. 당시 미국에는 최후의 대부자 역할을 할 중앙은행이 존재하지 않았기 때문이다.

그 이듬해 넬슨 올드리치Nelson Aldrich 상원의원이 국가통화위원회National Monetary Commission를 구성했다. 위원회의 임무는 유럽의 통화 시스템을 조사해서 중앙은행 부재로 조잡하고 지리멸렬한 달러 시스템을 개혁해 현대화할 권고안을 제시하는 것이었다. 국가가 책임지는 최종 대부자가 없고 통화 피라미드를 명확히 규정하지 않은 상태에서는 달러 세계화란 요원한 일이었다. 수년간의 의회 증언, 보고서 발간, 조사를 거친 끝에 1913년 12월 23일 연방은행 준비법이 통과되었고 마침내 중앙은행 설립의 염원을 이루었다.

중앙은행의 이름인 연방준비제도에는 '준비reserve'라는 단어가 들어가는데 정확히 준비란 무엇이며 이는 계층 화폐 맥락에서 어떻게 해석해야 할까? 준비는 위기가 발생했을 때 도움을 주는 어떤 안전 메커니즘을 함의한다. 실제로 연방준비제도는 금융위기에 대처하고자 설립한 것이며 금융위기와 전쟁이 발발하면 지급준비금reserve이라 불리는 두 번째-계층 화폐를 실탄으로 사용한다. 연준 준비금Fed reserve은 중앙은행 예금증서에 가까우며 일반 대중이 아닌 민간은행을 상대로 연준이 발행하는 화폐다. 반면 연준 은행권Fed notes은 사람들이 실생활에서 사용하는 달러 지폐를 말한다. 이처럼 연준 은행권과 연준 준비금 모두 연준이 발행하는 두 번째-계층 화폐지만 그 발행 대상과 용도가 다르다. 연준 준비금은 민간은행용이고 연준 은행권은 일반 대중용이다. 그러면 금융위기 상황에서 연준이 영향력을 행사하려 할 때 사용하는 화폐는 무엇일까? 바로 민간은행용 화폐인 연준 준비금이다. 조금 다른 방식으로 표현하자면 도매화폐wholesale money와 소매화폐retail money의 차이를 이해해야 그 화폐 구조의 핵심에 한 발 더 다가설 수 있다.

도매화폐는 연준의 지급준비금으로 은행들만 사용할 수 있고, 소매화폐는 연준 은행권으로 일반 대중이 사용하는 화폐다. 연준 지급준비금은 오직 은행만 사용할 수 있는 예치금으로, 일반 대중이 접근 가능한 소매화폐가 아니다. 어떤 개인도 현지 연방준비은행 지점에 가서 계좌를 개설하고 이를 취득할 수 없다. 도매화폐와 소매화폐는 중앙은행의 미래를 토론할 때 더 중요한 의미를 갖지만, 역사적 맥락에서 보면 연준의 권한과 의무는 신용 불안으로 금융시장이 불안정해질 때 도매화폐(즉 은행 시스템 유지를 위한 화폐)를 제공해 금융위기에 대처하는 것이다. 이름이 보여주듯 연방준비 시스템은 근본적으로 도매화폐 구제 메커니즘인 것이다.

연준

연방은행준비법Federal Reserve Act의 정식 명칭은 다음과 같다.

'연방준비은행 설립을 지원하고 탄력적인 통화를 공급하며 기업어음commercial paper에 재할인 수단을 제공하는 한편 미국 은행업에 대한 보다 효율적인 감독 체제 확립과 기타 목적을 위한 법안'

첫 번째로 기술된 목적인 '연방준비은행 설립 지원'은 미국 내에서 모든 은행 활동의 기초가 될 준비금, 즉 연방 차원에서 통용되는 통일된 두 번째-계층 화폐를 설정하는 것을 말한다. 다시 말해 준비금 은행을 설립해 분산·난립 중인 두 번째-계층 화폐의 혼란상을 종식하고 민간은행이 더 이상 이를 발행하지 못하게 하는 것이다. 이로써 연준은 미국 내에서 두 번째-계층 화폐 발권력을 독점했고 다른 모든 민간은행이 발행한 화폐는 세 번째 계층으로 밀려났다. 법안의 두 번째 목적인 '탄력적인 통화 공급'은 연준이 부분준비금 방식으로 화폐를 발행하되 일반은행도 동일하게 할 수 있도록 허용한 것을 의미한다.

법안의 세 번째 목적은 월터 배젓의 주장을 반영한 것으로, 연준이 '기업어음에 재할인 수단을 제공'하는 일이다. 기업어음은 은행과 기업이 발행하는 단기부채를 가리킨다. 두 번째-계층 화폐의 지급준비금을 만들어 부실 금융자산을 매입하는 방식으로 연준이 금융 시스템의 최종 대부자 역할을 하도록 길을 열어준 셈이다.

마지막으로 기술된 '미국 은행업에 대한 보다 효율적인 감독 체제 확립'은 당시 통화제도의 무질서와 혼란상을 정리하려는 시도다. 이에 따라 연준에 은행업을 감독할 체제 확립뿐 아니라 은행 설립인가를 내주는 독점 권한까지 제공했다.

끝으로 연방은행준비법은 연준이 두 번째-계층 화폐로 발행한 자신의 부채 중 최소 35%에 해당하는 금액을 반드시 금으로 준비금을 유지하도록 규정했다. 다시 말해 연준은 자산의 35% 이상을 금으로 보유해야 한다는 것이다. 실제로 연준 설립 당시에는 금이 연준 전체 자산의 84%를 점유했으나 시간이 흐르면서 이 수치는 급격하게 하락했다. 참고로 현재 금은 연준 전체 자산의 1%에도 미치지 못한다.

설립 초기 연준은 재무상태표상의 자산으로서 미국채를 전혀 보유하지 않았고 그럴 의향도 없었다. 1914년 제1차 세계대전이 발발하자 연준은 초기 구상을 신속히 폐기했다. 전쟁자금 조달이라는 과제를 해결할 수 없는 구상이었기 때문이다. 연방준비제도를 발족한 뒤 불과 2년이 지난 1916년 연방은행준비법은 미국 정부가 전쟁에 필요한 자금을 효과적으로 조달하도록 수정되었고 이후 연준은 충분한 준비금을 창출해 미국채를 사들이기 시작했다.

　미국채로 이뤄진 연준의 거대한 자산 포트폴리오 구축 과정은 달러 피라미드에 시사하는 바가 크다. 연준이 자산 구성을 새롭게 하면서 미국채는 금과 함께 첫 번째-계층 화폐에 합류했다. 연준 자산에서 금이 차지하는 비율은 설립 초기 84%에서 1918년 제1차 세계대전 종식 시점에 40% 미만으로 하락했다. 연준 자산의 절반 이상을 미국채로 채운 것이다. 이는 미국채가 결국 금을 완전히 대체해 달러 피라미드의 유일한 첫 번째-계층 자산이 될 것임을 암시한 첫 징조였다.

　〈그림 10〉은 연준 설립 후 몇 년이 지난 시점에 세 개의 계층 구조로 이뤄진 달러 피라미드three-layered dollar pyramid를 보여준다.

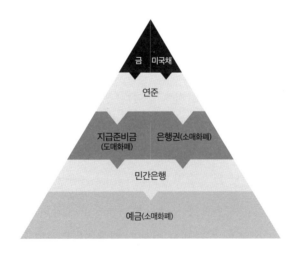

〈그림 10〉

5장

퇴장하는 금

> "유로달러와 미국 은행들의 부채는
> 전부 회계 담당자의 펜 끝에서 만들어진다."
> ―밀턴 프리드먼 (1976년 노벨 경제학상 수상자)

제1차 세계대전이 끝나고 반세기가 지나기도 전에 미국은 금본위제를 폐기했다. 금이 공식 화폐 시스템에서 퇴장한 계기는 1929년 발생한 일련의 월가 대폭락Great Wall Street Crash of 1929 사건으로 거슬러 올라간다. 흔히 '광란의 20년대'로 불리는 1920년대는 소비만능주의consumerism(돈 쓰는 것을 일종의 생활양식으로 권장하는 풍토-역주)가 등장하는 첫 신호가 포착된 시대였다. 평범한 미국인은 누구나 신용을 제공받기 시작했다.

그 무렵 증가한 신용 규모를 측정하는 것보다 어떤 유형의 신용을 제공했는지 살펴보는 것이 더 흥미롭다. 백화점은 사상 처음으로 부유한 고객들에게 신용카드를 발급했고 석유회사는 신용카드 로열티 프로그램을 운영하기 시작했다. 은행은 주식 매수에 필요한 증거금의 90%까지 대출을 제공해 증권시장 투기를 부채질했다. 뉴욕은 국제 금융의 중심지로 부상했다. 뉴욕 증권거래소에 상장한 기업의 주식 수요가 급증하자 미국으로 자본이 쏟아져 들어왔다. 세계적으로 달러 수요가 크게 증가하면서 달러는 세계 기축통화 반열에 올라선다.

광란의 20년대를 휩쓸던 '화폐 대량생산 진영'은 화폐의 탄력성에 제한을 가하는 금의 규율적 제약에 적대적이었고 달러가 금의 족쇄로부터 벗어나야 한다는 사회적 필요를 부각했다. 탄력적인 화폐 공급 시 발생할 수 있는 위험에 대비해 적정 수준의 금을 늘 준비금으로 비축하도록 법률로 규정했지만 미국 정부가 보유하고 있던 금은 충분한 수준이 아니었다. 사상 초유의 증시 폭락으로 인한 후유증이 증명하듯이 말이다.

1929년 10월 강력한 하방 압력이 작용하면서 주가가 곤두박질치자 연준은 설립 이후 처음 대규모 금융위기에 본격 대처해야 했다. 하지만 법으로 금 지급준비율을 최소 35%로 정해둔 상황이라 연준은 경제 불황에서 벗어나는 데 필요한 양만큼 두 번째-계층 화폐를 충분히 발행할 수 없었다. 결국 1930년대 초 수천 개 은행이 망하면서 미국 국민의 은행예금 수십억 달러가 날아갔다. 심각한 불황이 닥치자 세 번째-계층 화폐가 순식간에 사라지는 가혹한 현실 앞에서 사람들은 망연자실했다. 막대한 손실을 보전해줄 안전망이나 보험 시스템은 존재하지 않았다.

연준은 '탄력적인 화폐 공급'을 시도했으며 최선을 다해 최후의 대부자 역할을 하고자 노력했다. 그렇지만 패닉에 휩싸인 대중은 필사적으로 위험 자산에서 탈출하려 했기 때문에 세 번째-계층 화폐가 급격히 수축하면서 발생하는 충격을 극복할 수 없었다. 법정 최소 금준비율에 발이 묶인 연준이 생산해서 시스템으로 공급할 수 있는 신용 크기는 한정적이었다.

경제 회복을 불가능하게 만드는 금의 제약에 대한 사회적 비난이 넘쳐났고 이는 1930년대 달러 피라미드에 드라마틱한 변화를 불러왔다. 화폐 지형에서 금을 축출하려는 힘이 본격적으로 시동을 건 것이다.

당신을 위한 금은 없다

1933년 4월 5일 프랭클린 루스벨트 대통령은 행정명령 6102호를 통해 모든 '금화, 금괴, 금 보관증을 정부에 넘길 것'을 명령했다. 이 명령은 사실상 모든 미국 시민이 금을 강제 매각해 연준 은행권으로 교환하도록 강요한 것으로 사람들이 첫 번째-계층 화폐에 접근할 방법을 원천 봉쇄했다.[4] 이 뻔뻔하기 짝이 없는 행정명령으로 첫 번째-계층 화폐를 보유하거나 거래하는 것은 불법화되었으며 위반 시 최대 10년형에 처해졌다. 이는 1609년 암스테르담은행 설립 당시 모든 민간 금융업자에게 귀금속으로 만든 주화를 은행예금과 맞교환하도록 강제한 조치를 연상하게 한다.

프랭클린 루스벨트 대통령의 1933년 4월 5일 행정명령 6102호

출처: Wikipedia

---

4 행정명령 6102호는 금 소유를 다시 합법화한 1974년 폐지되었다.

그 이듬해인 1934년 미국은 금준비법Gold Reserve Act으로 달러를 평가절하해 온스당 금 가격을 20.67달러에서 35달러로 무려 69.3%나 인상했다. 모든 나라가 무역상대국에 비해 자국 통화를 최대한 낮추려 애쓰던 통화전쟁 와중에 터진 이 엄청난 평가절하는 정밀 조준폭격과도 같았다. 당시 각국 정부는 자국산 제품 가격을 제일 싸게 만들어 해외수요를 끌어당기려 했다.

미국은 그저 다른 나라가 취하고 있는 조치를 모방한 것에 불과했다. 금을 보유한 사람들에게 미국 상품과 서비스를 구입할 더 많은 구매력을 제공하려 한 것이다. 미국 시민에게는 유감스럽게도 미국 정부는 시민들에게서 금을 몰수하고 1년이 지난 뒤에야 금 가격을 올렸기 때문에 미국 시민은 금 가격 인상에 따른 혜택을 전혀 누릴 수 없었다. 금준비법은 연준이 보유했던 모든 금의 법적 소유권을 미 재무부로 이전했으며 금괴 보관 장소를 뉴욕에서 켄터키 포트 녹스에 위치한 미 육군 시설로 옮기도록 규정했다.

예금보험

1935년 은행법Banking Act에 따라 상설기관으로 연방예금보험공사Federal Deposit Insurance Corporation, FDIC가 설립되었다. 이는 미국 일반 가

구에 은행예금보험을 제공하는 것을 제도화한 조치다. 계층 화폐 맥락에서 FDIC 보험은 국가가 세 번째-계층에 위치한 모든 예금의 지급을 보증하는 보험증서다. FDIC 보험은 1933년 한 해에만 은행 4,000개가 문을 닫으면서 팽배해진 '세 번째-계층 화폐는 언제든 증발할 수 있다'는 사회적 공포를 완화했다.

숫자로 보면 FDIC 설립에 따른 영향력은 미미한 수준이다. 예금자별 보장금액이 5,000달러에 불과했기 때문이다. 하지만 심리 효과 측면에서는 그 영향력이 막대했다. 연방정부가 보증하는 보험으로 자신의 예금이 보호받는다는 것을 인식하면 사람들은 세 번째-계층 화폐를 버리고 보다 안전한 한 단계 위 자산으로 움직이려 하지 않는다.

금을 저축상품으로 활용할 수 없는 상황에서 연방예금보험은 시민에게 거래상대방 위험을 지닌 민간은행에 예치해도 달러저축이 보호를 받는다는 확신을 주려는 정부의 시도였다. 비슷한 시기에 미 재무부가 민간은행 은행권의 담보로 사용한 마지막 미국채를 상환함으로써 드디어 연준은 화폐 발행에 관한 독점 발권력을 공식적으로 굳혔다.

한때 모호한 형태였던 달러 피라미드는 어느 순간 뚜렷한 모습을 갖추기 시작했다. 두 번째-계층 화폐와 세 번째-계층 화폐 사이에 계층 화폐 시스템이 작동했으며 아래쪽에 위치한 화폐에 대한 금의 제약도 1933년과 1935년 정부 조치로 약화되었다. 드디어 미국달러가 금으로부터 독립해 홀로 서기 위한 여정을 시작한 것이다.

황제 달러

글로벌 통화전쟁이 벌어지면서 달러는 글로벌 화폐세탁소에 맡겨진 더러운 셔츠들 중 그나마 가장 깨끗한 셔츠로 여겨졌다. 금 대비 달러 가치가 절하되긴 했지만 다른 통화는 더 큰 폭으로 절하된 상태였다. 파운드 스털링은 1931년 금본위제를 폐지함으로써 세계 기축통화 왕좌에서 공식적으로 물러났다. 그렇게 공석이 된 왕좌를 새로 차지한 것은 세계 최강국으로 떠오른 신생 미합중국 화폐였다.

1944년 세계 지도자들은 뉴햄프셔 브레튼우즈의 한 호텔에 모여 달러를 제외한 모든 화폐는 달러 피라미드 체제 내에서 세 번째-계층에 위치한 화폐일 뿐이라고 공식 선언했다. 이 브레튼우즈 합의는 달러를 세계 기축통화로 인정한 대관식으로 알려졌다. 이 합의가 첫 번째-계층 화폐와 두 번째-계층 화폐의 관계에 영향을 미친 것은 없다.

브레튼우즈 합의는 달러와 다른 통화들 간의 관계에 관한 것이

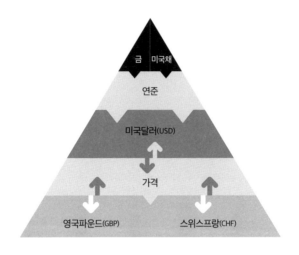

<그림 11>

었고 연준은행권은 여전히 소지자가 요구할 경우 온스당 35달러를 지급할 것을 약속했다. 모든 통화는 달러 대비 고정 환율로 거래가 이뤄졌으며 그 자체로 금과 교환할 수 없었다. 오로지 달러만 금과의 관계를 유지했다. 달러가 세계 여러 통화의 축이 되었고 세계 각국 정부와 중앙은행은 자신의 준비금, 증권, 재무상태표의 표준통화를 미국달러USD로 바꿀 수밖에 없었다.

브레튼우즈 체제는 계층 화폐 간의 관계에 중요한 변화를 초래했다. 달러 이외의 외국 화폐는 세 번째-계층에 위치했는데 그 이유는 해당 화폐가 비롯된 재무상태표 때문이 아니라 달러와의 가격 관계 때문이었다.

〈그림 11〉에서 USD는 GBP(영국파운드), CHF(스위스프랑) 같은 다른 통화보다 상위 계층에 있다. 파운드와 프랑은 그 가격을 달러로 측정하기 때문에 통화 계층에서 달러보다 아래에 위치한다. 이는 앞으로 계층 구조 내에서 화폐들 간에 서로 다른 두 가지 관계가 존재할 수 있다는 의미다. 재무상태표의 위계질서에서 나오는 것과 가격의 위계질서에서 나오는 것이라는 두 가지 관계 말이다.

실패가 뻔한 시도

불행히도 브레튼우즈 체제는 실패가 예견된 시도였다. 당대에 세계 기축통화가 떠안을 부담을 가장 예지력 있게 살핀 인물은 벨기에 태생의 경제학자 로버트 트리핀Robert Triffin이었다. 연준과 초창기 국제통화기금International Monetary Fund에서 연구를 수행한 트리핀은 한 세기가 지나기 전에 브레튼우즈 체제가 무너질 것을 예견했고 그의 예상은 그대로 맞아떨어졌다.

앞서 말한 대로 미국 시민은 금을 소유하지 못했으나 해외에서는 축적한 달러 보유액을 금으로 태환할 수 있었다. 트리핀은 이 때문에 결국 미국이 비축한 금이 대폭 감소해 온스당 35달러라는 고정가격을 유지할 수 없으리라고 내다봤다.

그는 브레튼우즈 체제 구조를 조정하지 않으면 금 태환을 지속할 수 없으리라고 경고했다. 특히 세계 기축통화라는 위치는 축복이 아닌 부담이라고 강조했다. 외국에서는 달러가 준비금 통화이므로 달러를 축적하며 이는 달러 강세로 이어져 무역 불균형을 초래한다. 이러한 무역 불균형은 만일 기축통화로서의 달러에 대한 추가 수요가 없었다면 발생하지 않았을 것이다. 트리핀은 특정한 나라의 화폐를 국제 통화제도의 유일한 표준통화로 사용하는 데서 발생하는 문제는 주요 경제국의 정치적 협력으로만 해결할 수 있다고 주장했다.

그러나 그는 1959년 의회 증언에서 자신의 해결책이 실현되기 어렵다는 것을 인정했다. 그 생각이 얼마나 우스꽝스럽고 어리석은지와 상관없이 결국은 중립 화폐인 금 수요를 촉발할 것이기 때문이다.

"국제통화와 신용 창출을 위한 합리적인 시스템 구축과 관련해 다양한 측면의 문제를 두고 주요 경제국들이 합의한다는 것은 얼마나 어려운 일인가… 정말로 어려운 일이 아니었다면 문제를 위한 타당한 해결책이 오래전에 도출되었을 것이다. (…) 그래서 금은 지금까지도 생존하고 있다. 지구 반대편에 있는 금을 그저 운반해서 또 다른 구멍에 곧바로 다시 묻을 목적으로 채굴하고, 또 금을 보호하고 금으로 보상받기 위해 삼엄하게 지키는 행위보다 더 인력을 낭비하는 일이 있는지 누구도 생각하지 못하리라. 하지만 인간 직관력의 역사는 그 자체의 논리를 갖추고 있다."

역외 달러

현재 유로달러Eurodollar는 그 중요성에 비해 거의 언급되지 않고 있다. 유로달러 문제는 2007~2009년 금융위기로 달러 통화 전체가 혼돈에 빠진 이유, 그 이후 계속해서 국제 통화제도가 망가진 상태에 머무는 이유, 특히 세계가 통화 환경 재편을 갈망하는 이유를 이해하는 데 핵심적인 요소다.

이 모든 것은 제2차 세계대전을 위한 전쟁 금융과 전쟁 이후 유럽 재건 자금을 모두 미국달러로 조달한 것에서 시작되었다. 브레튼우즈 시대에는 달러가 국제 상거래의 표준통화였고 전 세계 기업은 재무상태표를 달러로 표시하기 시작했다. 탄탄한 자본시장의 뒷받침을 받는 달러로 자금을 조달하는 것이 보다 용이했으므로 기업들은 자사 운용자금도 현지 화폐가 아닌 달러로 조달했다. 그러자 미국 이외의 지역에서 달러 수요가 폭증했고 런던, 파리, 취리히 은행은 달러 수요에 맞춰 금융 서비스를 제공했다. 아이러니하게도 유럽 은행들은 미국 은행들보다 더 매력적인 예금 이자율을 제공할 수 있었다. 적용하는 법적 규제가 달랐기 때문이다.

사람들은 더 높은 이자율의 혜택을 누리고자 달러예금을 유럽에 있는 은행에 예치했다. 이 같은 달러예금을 근간으로 유럽 은행들이 역외지역offshore에서 발행한 달러를 유로달러라고 불렀다(유로달러는 유로 통화와 아무 관련이 없다. 유로 통화는 2001년 이전에는 존재하지 않았다). 국제 은행들이 누구의 허가도 받는 일 없이 미 연준 시야에서 벗어나 스스로 달러를 만들어내는 비법을 발견한 셈이다. 한마디로 역외은행offshore banks으로서의 국제 은행들은 미국 관할권 밖에 있었기에 최소 금 보유율이나 지급준비율 규정 등 미 연준과 미국 정부가 정한 법률 규정을 준수할 필요 없이 자유롭게 영업활동을 할 수 있었다.

유로달러에는 또 다른 이색적인 수요도 존재했는데 바로 자신의 금융정보가 미국으로 흘러들어 가지 않기를 바라는 수요였다. 1950년대는 자본주의와 공산주의 간에 냉전이 시작된 시기다. 소련은 정치적으로 미국과 분리되어 있었지만 달러의 절대적 영향력에서 완전히 자유로울 수 없었다. 소련도 제국 확장에 필요한 모든 수입 자재와 상품의 대금을 지급하기 위해서는 달러가 필요했다.

달러 공급은 연방준비제도의 제약과 감시를 받았기 때문에 소련은 자국이 보유한 달러를 보호하기 위해 뉴욕은행 대신 런던은행에 예치하는 방식을 택했다. 이를 통해 이들은 연준과 미 정부의 관할권 밖에서 자금을 조달할 수 있었다. 소련 공산주의 정부는 자본주의 정부의 금융 감시를 받거나 예속되는 상황을 피해야 할 강한 동기가 있었다. 소련은 자국 예금이 미국달러로 표시되어 있음에도 그것을 미국 은행이 아닌 유럽 은행에 예치하는 방안을 선택했다.

1957년 런던에서 새로운 역외달러 예금이 유럽의 다른 금융 상품과 함께 거래되면서 유로달러시장이 조성되었다. 유로달러는 단순히 또 다른 유형의 달러가 아니라 국제 통화제도 모순으로 통화 시스템 진화를 촉진하는 촉매 역할을 하게 된다. 연준의 이사를 역임하고 화폐경제와 관련해 다수의 글을 쓴 찰스 킨들버거Charles Kindleberger는 유로달러는 세계적으로 자유로운 자본 흐름을 원하는 자연스러운 수요가 만들어낸 결과물이라고 설명했다. 1970년 그는 유로달러는 시장 수요로부터 자체 진화한 결과물이라고 지적했다. 연준과 미국 민간은행들이 해외 사용자가 충분히 사용할 수 있을 만큼 두 번째 혹은 세 번째-계층 달러를 발행하지 않았기 때문이다.

'유로달러시장이 달러와 분리된 공간에서 유럽통화와 별도로 세계 자본시장의 중심으로 발전한 것은 경제학자들의 계획에 따른 게 아니라 진화의 습성 때문이다. 이는 사람, 재화, 자본 시장에서는 통합의 힘이 국가를 가르는 정치적 국경보다 강력하다는 것을 시사한다.'

점점 더 달러화하는 세계 경제에서 살아가려면 미국 이외 지역에서도 달러가 필요하다. 달러 수요가 급증하자 사람들은 굳이 '미국산 달러'를 고집하지 않고 연준과 미국 은행 시스템을 모방해 달러를 생산할 방법을 모색하기 시작했다. 그 과정에서 유럽 은행들이 찾아낸 비책이 바로 유로달러 발행이다.

달러는 전 세계 경제의 표시통화로 확고하게 자리를 잡았다. 사람들은 원유 가격, 무역 거래, 국제 은행 재무상태표 등 모든 경제활동을 달러로 표기했다. 그런데 달러 시스템이 전 세계 화폐 시스템의 중추로 자리를 잡아가던 중에 유로달러가 출현하면서 달러 통화 피라미드에 모호한 구석이 드러났다. 달러 시스템의 절대 관리자인 연준이 유로달러 발행 구조를 제대로 인식하지도, 진단하지도, 규제하지도 못하는 바람에 유로달러가 통화 피라미드상의 어느 계층에 존재하는 화폐인지 불분명해진 것이다.
유로달러는 연준 은행권 아래에 위치한 세 번째-계층 화폐인

〈그림 12〉

가? 아니면 두 번째-계층 화폐인데 유로달러 발행자가 소유한 각종 국공채나 다양한 신용화폐 수단은 그 아래에 위치하는 건가? 그도 아니면 기존 달러 피라미드에 얽매이지 않는 새로운 피라미드에 해당하는가?

2007~2009년 금융위기가 찾아오기 전까지는 이들 질문에 완벽하게 답할 수 없었다. 〈그림 12〉에서 유로달러 피라미드의 정점에 물음표를 표시한 이유는 국제 은행들이 발행하는 미국달러로 인해 통화 시스템이 모호한 상태에 처했음을 보여주기 위해서다.

금의 퇴장

금 태환이 중대한 위험에 처했다는 경보음이 처음 울린 것은 1961년이었다. 로버트 트리핀의 경고가 점차 현실화할 조짐을 보이자 미국, 영국 등의 국가들은 함께 금풀Gold Pool을 만들었다. 각국 중앙은행은 금풀을 활용해 금 가격이 온스당 35달러 선을 유지하도록 만들기 위해 금을 시장에 매각했다. 결국 기축통화인 달러를 지속적으로 축적해온 외국 정부와 중앙은행은 달러를 금으로 태환하기 시작했다. 이 태환 요청으로 금의 고정 달러 가격은 크게 압박을 받았다.

금풀이 설립된 지 7년이 경과한 시점에 유럽 시장에서 공식 금값이 35달러를 넘어서자 금풀은 와해되었다. 그 뒤 수년에 걸쳐 금은 달러 피라미드의 첫 번째-계층에서 이탈해 공식 화폐 지위를 상실했다. 1971년 미국은 달러의 금 태환을 중단했다. 처음에는 임시 조치였으나 이후 달러는 금과의 연계성을 다시는 회복하지 못했다. 2년 뒤 자유변동환율제를 시작하면서 브레튼우즈 합의도 공식적으로 막을 내렸다. 금은 비공식적으로 중립화폐 역할을 맡게 되었고 오늘날에도 전 세계 정부와 중앙은행은 금을 거래상대방 위험이 없는 첫 번째-계층 화폐로 간주하고 있다.

재무상태표를 통해 화폐가 만들어지는 원리 − 2

1971년 8월 15일 미국 대통령 닉슨이 행정명령을 내려 달러의 금 태환을 중지함으로써 금을 폐위했다. 달러가 금을 퇴출하는 일련의 과정은 마치 웅장한 공상과학 영화를 보는 듯한 느낌을 준다. 상상 속에만 존재하는 시스템을 현실에 구현하는 그들의 박진감에 압도당한다.

금을 몰아내고 달러 피라미드의 최정점에 올라선 것은 무엇인가? 바로 미 재무부가 발행하는 국채다. 국채는 국가의 부채인데 피라미드 정점에서 준비금과 거래의 최종 결제 수단으로 사용한다고? 언뜻 와 닿지 않는다. 그럼 1~5장의 내용을 복기하며 이것을 차근차근 확인해보자. 앞서 살펴보았듯 화폐는 은행 재무상태표에서 비롯된다. 1971년 그 수명을 다한 금본위제 하의 재무상태표를 계층 화폐의 위계질서로 정리하면 다음과 같다.

중앙은행	
자산	**부채**
금	화폐

일반은행	
자산	**부채**
중앙은행 화폐	예금

이 두 가지 재무상태표를 합칠 경우 중앙은행 부채와 일반은행 자산이 서로 차감돼 결국 금과 은행예금만 남는다. 부분준비금이 마법을 발휘해 은행예금 총액이 금 전체 가치를 훨씬 상회하겠지만 금이 최종 결제 수단인 구조는 수긍이 간다. 금은 귀하지 않던가. 그런데 미국채가 금의 자리를 대체한 이후의 구조를 그려보면 사뭇 당황스러워진다.

마찬가지로 두 가지 재무상태표를 합쳐 차감하면 미국채와 은행예금만 남는다. 부채로 부채를 정산하는 탄력적인 화폐의 마법이 위아래로 동시에 펼쳐지는 구조가 아닌가. 개념상 혼란스럽지만 이것이 달러 통화 피라미드의 실체다. 받아들이기 쉽지 않은 불편한 진실이라고나 할까.

그럼 달러 통화 시스템은 정말로 미국채가 뒷받침하는 것일까? 미 연준은 매주 목요일 주간 재무상태표 현황을 발표한다. 다음은 2021년 8월 25일 연준의 재무상태표 자산항목이다.

5. Consolidated Statement of Condition of All Federal Reserve Banks

Millions of dollars

Assets, liabilities, and capital	Eliminations from consolidation	Wednesday Aug 25, 2021	Change since	
			Wednesday Aug 18, 2021	Wednesday Aug 26, 2020
Assets				
Gold certificate account		11,037	0	0
Special drawing rights certificate account		5,200	0	0
Coin		1,239	0	− 251
Securities, unamortized premiums and discounts, repurchase agreements, and loans		8,203,699	− 8,493	+1,491,379
Securities held outright[1]		7,786,785	− 4,851	+1,476,651
U.S. Treasury securities		5,346,372	+ 22,721	+ 987,813
Bills[2]		326,044	0	0
Notes and bonds, nominal[2]		4,604,044	+ 19,602	+ 885,875
Notes and bonds, inflation-indexed[2]		355,345	+ 2,001	+ 78,439
Inflation compensation[3]		60,939	+ 1,118	+ 23,499
Federal agency debt securities[2]		2,347	0	0
Mortgage-backed securities[4]		2,438,067	− 27,571	+ 488,839
Unamortized premiums on securities held outright[5]		354,033	− 907	+ 27,963
Unamortized discounts on securities held outright[5]		−15,213	22	10,224
Repurchase agreements[6]		0	0	0
Loans[7]		78,094	2,714	− 3,011
Net portfolio holdings of Commercial Paper Funding Facility II LLC[8]		0	0	− 8,588
Net portfolio holdings of Corporate Credit Facilities LLC[8]		17,116	0	− 27,488
Net portfolio holdings of MS Facilities LLC (Main Street Lending Program)[8]		30,543	+ 9	− 7,828
Net portfolio holdings of Municipal Liquidity Facility LLC[8]		9,768	+ 2	− 6,773
Net portfolio holdings of TALF II LLC[8]		4,514	+ 1	− 6,257
Items in process of collection	(0)	82	+ 12	+ 37
Bank premises		1,592	− 71	− 605
Central bank liquidity swaps[9]		326	− 162	− 91,814
Foreign currency denominated assets[10]		21,179	+ 51	− 415
Other assets[11]		26,449	− 1,203	+ 928
Total assets	(0)	8,332,743	− 9,855	+1,342,325

Note: Components may not sum to totals because of rounding. Footnotes appear at the end of the table.

출처: 연준 홈페이지

보다시피 미 연준의 총자산은 8조 3천억 달러이며 이 가운데 미
국채가 5조 3천억 달러로 64.5%, 주택담보 대출채권이 약 2조 4천
억 달러로 29%다. 이 두 가지 채권을 합하면 7조 7천억 달러로 미
연준 전체 자산의 93.6%에 이른다. 참고로 금은 110억 달러로 연
준 전체 자산의 0.13%에 불과하다.

금이 퇴장하면서 달러 시스템은 마침내 금이라는 족쇄에서 벗
어났다. 달러를 무제한 발행하는 일이 가능해진 것이다. 법정 금
준비율에 묶여 있던 1930년대의 무력한 연준의 모습은 과거로 사
라졌다. 미국채라는 마법봉을 휘두르게 된 연준은 이제 버블이

발생하면 더 큰 버블을 만들어 위기를 잠재우는 극상승 스킬을 구사할 수 있다.

미국채를 정점으로 한 통화 피라미드가 완성되면서 모든 돈은 누군가의 빚으로만 존재하게 됐다. 빚으로 빚을 갚는 구조는 영생의 묘약이 될 수 있을까.

현재를 살아가는 우리에게는 아주 자연스러워 먼 옛날부터 존재한 자연의 섭리처럼 여겨지는 국채 기반의 화폐 시스템은 이제 겨우 50년밖에 되지 않았다. 구조적으로 불안정한 이 시스템이 2000년 초중반의 영화를 뒤로하고 어떤 시련에 맞닥뜨리는지 확인해보자.

6장

위기의 달러 시스템

오늘날 금융 시스템은 망가져 있다. 작동하긴 하지만 시스템 내부의 균열이 언제든 파열을 일으킬 수 있다. 2008년에는 거의 무너지다시피 했고 2020년에도 같은 상황이 반복되었다. 연준은 위기가 발생할 때마다 최후의 대부자 역할을 하며 금융 시스템을 유지했으나 연준이 세계에서 유동성을 공급하는 유일한 원천이고 연준의 지원 없이는 금융 시스템이 독자 생존할 수 없다는 사실은 모두가 알게 되었다.

계층 화폐 관점에서 보면 오늘날 달러 피라미드에서 연준이 보장해주는 유동성의 안전망에 의존하지 않는 곳은 사실상 없다. 2007년 이후 달러 피라미드는 곳곳이 파열되었기에 연준으로서는 외관 전체를 붕대로 싸매는 것 외에 달리 방법이 없었다. 이번 장에서는 연준이 세계 유일의 대부자가 된 과정을 알아보자.

회계 담당자의 펜

금이 퇴장한 이후 달러 피라미드 정상에는 미국채가 유일한 첫 번째-계층 화폐로 홀로 섰다. 국채는 신용이며 미국채의 신뢰도는 미국 정부가 보유한 자산과 미국 국민에게 세금을 징수할 권한에서 비롯된다. 국가가 발행한 채권은 달러 저장을 위한 최상의 수단이 되었고 이는 지금도 마찬가지다.

금이 사라지자 미국채는 연준 재무상태표상의 지배적인 자산이 되었다. 민간 부문은 이 전지전능한 국채를 화폐 담보물로 활용했으며 미국채를 사서 소유권을 확보한 뒤 국채 레포달러^{Treasury Repo dollar}라는 또 다른 유형의 달러를 스스로 창조하는 방법도 발견했다.

제2차 세계대전 중 미 재무부는 연준의 독립적인 통화정책을 중단시키고 사실상 연준이 전쟁자금을 조달하게 만들었다. 연준은 고정금리로 막대한 양의 미국채를 매입했으며 정치로부터 독립적이어야 할 연준의 통화정책은 지정학적인 우위를 점하려는 국가적 과제에 종속되었다. 전쟁이 끝나고 몇 년이 지나서야 연준은 재무부–연준 협약Treasury-Fed Accord으로 독립성을 되찾았다.

하지만 더 중요한 것은 엄청난 규모의 국채가 딜러 은행들dealer banks의 손으로 넘어갔다는 사실이다. 딜러 은행이란 국채시장의 건전한 작동과 국채 거래를 책임지는 은행을 말한다. 이들은 자신이 보유한 미국채로부터 유동성을 뽑아낼 권한을 확보했는데 바로 국채 환매조건부 채권Treasury Repurchase, Repo이라는 담보대출시장을 활용하는 방법이다(레포Repo는 Repurchase Agreement의 줄임말로 미국채를 담보로 현금을 빌리는 것을 말한다. 이때 돈을 빌리는 사람이 만기일(통상 하루)에 원금과 이자를 내고 해당 미국채를 재매입Repurchase하기 때문에 환매조건부 채권이라 부른다. 주로 대형 금융기관들이 단기자금을 조달하기 위해 사용한다.–역주).

미국채 레포 거래에서 은행들은 마치 전당포를 이용하듯 자신이 보유한 미국채를 담보로 돈을 빌린다. 국채 레포달러 역시 유로달러를 만들 때 사용한 재무상태표 메커니즘과 동일한 원리에 기반해 창출된다. 바로 회계 담당자의 펜에서 비롯되는 것이다.

은행은 국채 레포시장에서 차입한 돈을 은행 간 달러 결제 시 사용할 수 있었고 국채 보유는 새로운 화폐의 원천으로 떠올랐다. 1979년 연준은 연구를 통해 국채 레포 거래가 막대한 달러 공급 증가를 야기했다고 결론을 내리면서도 얼마나 많은 레포달러를 발행했는지는 정확히 측정할 수 없다고 인정했다. 시장에 공급한 달러를 추산하는 능력을 상실한 연준은 1982년 달러 공급 관리를 완전히 포기하기에 이른다. 유로달러와 국채 레포달러가 폭발적으로 증가하는 상황에서 달러 공급 측정 기능을 상실한 셈이다. 이후 연준의 통화 운영정책은 단기금리를 관리하는 데 집중했다.

달러의 지표금리

지표금리Reference Rate는 2007년 달러 시스템이 어떻게 무너졌는지 이해하기 위한 핵심 요소로, 금융이론상 무위험risk-free으로 간주하는 신용상품 금리를 의미한다. 금융이론에서는 투자 위험을 계량화하는 기준점으로 흔히 '무위험 이자율'을 사용한다. 그러나 신용상품에는 개념상 거래상대방 위험이 내재하므로 완벽하게 위험이 없는 상품이란 존재하지 않는다. 아무리 대단한 존재일지라도 차입자는 이론상 파산할 수 있다.

그렇지만 현실 세계에서 미 재무부 같은 기관은 채무를 불이행한 적이 한 번도 없고 발행한 모든 채권은 중앙은행이 보증한다. 세계에서 미국채를 가장 많이 보유한 기관은 연준이다. 미국채를 보유하고 그것에 기초해서만 연준이 두 번째-계층 화폐를 발행할 수 있으므로 연준은 미국채를 무한정 매입할 수밖에 없다.[5] 더

---

5 연준은 프라이머리 딜러Primary Dealer은행에서 미국채를 매입해 지급준비금을 만든다. 프라이머리 딜러는 연준의 지급준비금 창출 과정에서 두 번째-계층 화폐를 직접 수령할 수 있는 금융기관들로, 연준 통화정책의 연장선에 있다.

구나 과거에 전시자금 조달 목적으로 연준의 국채 매입을 이미 법제화한 상태다.

국채는 금융모델과 가치평가 공식을 작성할 때 기준금리로 사용하며 이론상 무위험 자산으로 간주한다. 기업 채권부터 주택담보대출, 소비자 신용카드에 이르기까지 금융대출 스펙트럼 전반에 걸쳐 지표금리를 사용해 기준을 정한다. 가계에 미 정부보다 낮은 대출금리를 적용하는 대출기관은 없다.

계층 화폐 관점에서 보면 모든 화폐와 화폐수단은 항상 하나 혹은 두 계층 높은 곳을 지표금리로 참고한다. 다시 말하지만 미국채는 달러 스펙트럼에서 가장 신용도가 높은 자산이며 실제로도 그렇다. 그 어떤 기업, 주권 국가, 민간 기관도 미국 정부처럼 강력한 중앙은행의 절대적인 지원을 받을 수 없고 실제로도 그런 사례가 없어서 미국채에 '무위험 자산'이라는 왕관을 수여하는 것이다. 그렇다고 달러 세계에서 미국채 금리만을 지표금리로 활용하는 것은 아니다.

먼저 미국채들 간의 금리 차이를 살펴보자. 신규로 발행하는 미국채는 만기가 1개월에서 30년까지 매우 다양하며 국채 간의 위험도 조금씩 서로 다르다. 단기국채는 만기일까지 국채 가격이 거의 변동되지 않지만 장기국채는 금리 변화에 따라 가격이 민감하게 반응한다[6](미국채는 만기에 따라 명칭이 달라지는데 만기 1년 미만은 Treasury Bill, 1년 이상 10년 이하는 Treasury Note, 10년 초과는 Treasury Bond로 부르며 줄여서 각각 T-Bill, T-Note, T-Bond로 표시하기도 한다.-역주). 이러한 민감도를 듀레이션duration이라고 하며 장기국채는 사촌 격인 단기국채와 비교해서 독특하고 현저하게 다른 위험이 있다. 단기국채는 가격 민감도가 거의 없는 최상의 채권으로 달러 화폐 중 유동성이 가장 좋은 화폐 수단으로 간주된다. 따라서 단기국채 금리는 금융시장에서 가장 많이 인용하는 지표금리다.

연준은 단기금리를 통화정책 수단으로 활용한다. 이러한 단기금리를 연방기금금리Federal Funds Rate, Fed Funds라고 하는데 이는 두 번째-계층의 지급준비금으로 연준에 예치하는 자금 마련을 위한 은행 간 대출금리다. 연방기금금리는 미국 내 은행 시스템에서 연준이 단기대출의 목표로 삼는 가격이므로 중요한 지표금리다.

1986년 런던의 유로달러 예금금리가 리보LIBOR라는 금리로 공식화했다. 리보금리는 런던의 은행이 서로 유로달러를 대출하는 데 적용하는 평균 금리다. 유로달러는 연준의 두 번째-계층 지급준비금과 아무 관련이 없고 미국 연방예금보험공사가 보증하는 세 번째-계층 달러와도 무관하다. 하지만 리보금리는 연방기

---

6 미국 단기국채 만기는 364일 이하인 반면 장기국채 만기는 최장 30년에 이른다.

금금리를 따라간다. 이는 투자업계가 뉴욕이든 런던이든 은행 간 자금의 가격에 별다른 차이를 두지 않고 있음을 보여준다.

1998년 고정수입정산회사Fixed Income Clearing Corporation, FICC는 국채 레포, 즉 국채 담보대출의 평균 금리를 나타내는 일반담보채권General Collateral Financing금리를 도입했다. 일반담보GC 개념은 국채 종류가 수백 가지인 상황에서 은행 간에 거래하는 전체 국채 레포 평균을 산출하는 방식으로, 국채 레포 금리를 측정하기 위한 것이다.

국채금리, 연방기금금리, LIBOR, GC금리는 서로 거의 차이가 없었기에 금융 시스템은 이 네 가지 지표금리를 사실상 동일하게 취급했다. 그러나 조화로운 행보를 보이던 네 가지 지표금리는 2007년 8월 9일 불협화음을 내기 시작했다. 이 운명의 날에 대한 이야기를 머니마켓펀드를 설명하는 것으로 시작하겠다.

머니마켓펀드

사람은 본능적으로 위험을 회피하려 한다. 화폐용어로 표현하자면 사람들은 상단 계층의 디폴트 위험이 없는 화폐를 원하는 것이다. 물론 액수가 적으면 연방예금보험공사FDIC 보험만으로도 충분하다. 하지만 금액이 커지면 상황이 복잡해진다. 투자와 관련해 오늘날의 화폐 상태를 명확히 이해하기 위해 앞서 살펴본 네덜란드 동인도회사, 동인도회사의 주식, 암스테르담은행 설립 사례로 돌아가보자.

네덜란드 동인도회사의 주식은 투기 성향이 강했지만 초기 투자자들은 수익을 낼 수 있었다. 당시 투자자들은 보유 주식을 매도해 현금화하려 할 때 대형 가방에 담아야 하는 금화나 은화보다 사용하기 편한 현금류로 제공받길 원했다. 이러한 요구에 부응해 암스테르담은행은 예금증서를 발행했고 이는 법정화폐로 통용되었기에 사람들은 투자 자산을 편리하게 현금화할 수 있었다. 이때부터 현금은 주식같이 위험을 내포한 투자의 대안을 의미하는 단어로 쓰이기 시작했다. 오늘날에도 현금은 지폐만 의미하지는 않으며 주식이나 채권보다 편리한 형태의 화폐를 통칭한다.

현실 세계에서 거액 투자자에게 지폐는 실용적인 수단이 아니다. 지폐 같은 현금은 거액을 거래할 때는 쓸모가 없다. 오늘날 현금은 위험을 내포한 모든 투자상품과 다른 안전한 화폐 수단을 의미하며 이것이 머니마켓펀드Money Market Funds, MMF가 출현한 이유다.

예를 들어 10억 달러를 지급하는 복권에 당첨됐다고 해보자. 이때 운이 나쁘게도 정부가 모든 상금에 세금을 99.99% 부과해

9억 9천만 달러의 세금고지서를 받게 된다고 가정하자. 만약 징수기관이 한 달 동안은 당첨 금액에 세금을 부과하지 않는다면 이 돈을 현금으로 어떻게 보관해야 할까? 가장 안전한 방법은 세금을 납부해야 하는 날이 만기일인 단기 미국채를 매수하는 것이다. 그러면 세금 납부일까지 자금을 가장 안전한 자산에 묶어놓을 수 있다.

두 번째-계층 화폐는 전혀 고려할 수 있는 선택지가 아니다. 어떤 은행도 10억 달러를 지폐로 보유하거나 보관할 능력이 없으며 개인이 연준의 지급준비금에 접근할 방법도 없다. 은행에 예치하는 방법이 있긴 하지만 10억 달러는 연방예금보험공사에서 보장하는 금액을 훨씬 초과하므로 은행의 디폴트 위험에 노출된다. 설령 은행이 건전할지라도 과연 모든 계란을 한 바구니에 담듯 10억 달러를 한 은행에 예치할 의사가 있을까? 다행히 국채, 은행예금, 기타 금융상품을 조합한 머니마켓펀드 주권MMF Shares에 투자하는 방법을 생각해볼 수 있다. MMF는 위험성이 상존하는 투자 세계에서 자금 안전성을 최우선으로 추구하는 수요를 위한 현금성 상품이다. 결국 복권 당첨금을 맡길 최적의 선택은 MMF에 투자하는 것이다(미국의 머니마켓펀드는 안정성을 최우선으로 하는 펀드로, 부도 위험이 거의 없는 미국 단기국채와 우량 상업채권 같은 단기채권에 투자하며 운용수익을 배당금 형태로 지불한다. 펀드의 안정성 확보를 위해 투자 채권의 가중평균 잔존 만기는 60일을 넘을 수 없으며(국채와 환매조건부 채권은 제외)

동일한 기관이 발행한 채권 투자금이 전체 펀드금액의 5%를 넘지 않도록 법으로 제한하고 있다. 무엇보다 투자자금의 원금 보장이 중요하므로 머니마켓펀드의 순자산 가치가 주당 U$1가 유지되도록 하며 매일 운용수익을 평가해 주당 U$1를 초과하는 금액만큼을 주주들에게 배당금으로 지불해 주당 U$1의 순자산 가치를 유지한다.-역주).

MMF는 1970년대에 국채 레포 공급이 폭발적으로 증가하면서 인기를 얻기 시작했다. MMF 주권은 매우 훌륭한 투자상품으로 인식되었다. 특정 은행의 위험에 집중적으로 노출되지 않고 위험을 분산하는 동시에 현금성 화폐 수단을 보유할 수 있는 방법이기 때문이다. MMF는 화폐의 가장 중요한 특성을 지녔기에 사실상 화폐로 기능한다. 두 번째나 세 번째-계층 화폐와 비슷하게 MMF는 액면가가 있다. 즉, MMF 주권에 1달러를 투자하면 항상 1달러를 돌려받을 수 있다. MMF는 단기 미국채, 기타 미국채, 국채 레포 대출, 상업채권, 은행채 등 여러 가지 금융상품에 투자한다.

금융상품 구성에 따라 MMF 주권은 그 자체로 두 번째-계층 화폐 유형일 수도, 세 번째-계층 화폐일 수도 있다. MMF 주권 수요가 급격하게 증가한 것은 하나의 증권으로 다양한 금융상품을 소유하는 방법을 제공했기 때문이다. 전 세계 투자은행이 보유한 초과현금은 매일 오후 투자은행 펀드에서 MMF로 흘러갔으며 MMF는 이 자금으로 금융상품을 매수했다.

기업 운영자금 조달을 위해 기업어음시장에 과도하게 의존하던 다국적 기업들에게 MMF는 전 세계 현금 풀cash pool을 유동성 조달의 주요 원천으로 바꿔놓았다. 만일 어떤 이유로 현금 보유자들이 상위 계층의 화폐 수단을 확보하기 위해 MMF 주권을 매도하면, 매일매일 계속해서 융통해야 하는 자신의 단기채무를 상환하기 위해 MMF에 의존하던 은행과 기업은 유동성 위기에 직면할 것이다.

따라서 머니마켓펀드 성공은 오히려 금융 시스템이 보다 큰 취약성에 노출되는 역효과를 내기도 했다. 〈그림 13〉은 21세기에 다가서면서 달러 피라미드가 어떤 모양으로 변했는지 보여주는 것으로, MMF 주권이 소매화폐의 지배적 형태가 되었음을 알 수 있다. 두 개 피라미드 중 하나는 미국달러 시스템을, 나머지 하나는 역외 미국달러 시스템을 보여준다.[7,8]

---

7 역외 달러 시스템은 유럽 은행뿐 아니라 미국 이외의 지역과 연방준비제도 관할권 바깥의 모든 은행을 포함한다.

8 〈그림 13〉에서 도매화폐 유로달러는 유로달러, 양도성 예금증서, 기업어음 같은 역외 달러 시스템에서 발행한 현금성 화폐 수단을 포함한다.

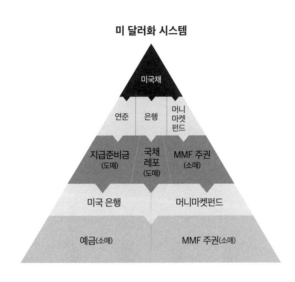

미 달러화 시스템

미국채

연준 | 은행 | 머니 마켓 펀드

지급준비금 (도매) | 국채 레포 (도매) | MMF 주권 (소매)

미국 은행 | 머니마켓펀드

예금(소매) | MMF 주권(소매)

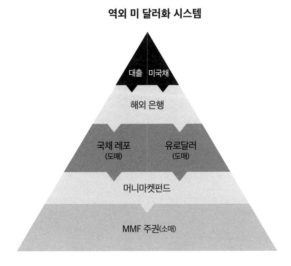

역외 미 달러화 시스템

대출 | 미국채

해외 은행

국채 레포 (도매) | 유로달러 (도매)

머니마켓펀드

MMF 주권(소매)

〈그림 13〉

은행 간 신뢰 붕괴

롱텀캐피털매니지먼트Long Term Capital Management, LTCM는 1994년 엄청 난 관심 속에 설립된 헤지펀드다. 펀드 파트너들은 화려한 실적 과 경력으로 완벽함을 상징하는 인물들이었다. 막강한 살로몬 브 러더스 투자은행, 연준 출신에 노벨 경제학상 수상자 두 사람도 포함되었다. 화려한 인물들에 의해 주도되었지만 LTCM 투자기 법의 요체는 단순 차익거래였다.

이는 16세기 안트베르펜에 처음 등장해 금융시장의 토대를 마 련하는 데 기여한 환어음 할인업자들이 하던 것과 근본적으로 동 일한 방식이다. 16세기와 비교했을 때 LTCM의 경쟁력 우위는 막 대한 레버리지, 금리 차익거래, 세계 주요 투자은행의 백지위임 같은 요소를 결합한 것 정도다. 결국 이 펀드는 설립 4년 만에 처 참하게 실패를 맛본 뒤 쑥대밭이 되었다.

미국 금융 전문기자 로저 로웬스타인Roger Lowenstein이 LTCM의 붕 괴를 다룬 저서 《천재들의 실패When Genius Failed》는 이 사건을 압축적 으로 잘 표현하고 있다. 헤지펀드가 과도한 위험을 무릅쓰다 파 산하는 것은 늘 발생하는 일로 급등, 거품, 붕괴라는 전형적인 사 이클이 작동한 결과일 뿐이다. 다만 LTCM 붕괴 과정에서 우리가 눈여겨보아야 할 점은 2007년과 그 이후에 벌어질 사건이 필연적 일 수밖에 없음을 보여주는 몇 가지 단서다.

LTCM과 거래하던 투자은행들을 긴급 구제하고 악명 높은 LTCM 해체를 결정한 직후 연준의 앨런 그린스펀 의장은 미 의회 청문회에서 전체 금융 시스템이 붕괴 상황에 직면할 수 있다는 우려 때문에 긴급 구제 조치가 필요했다고 설명했다.

"모든 상황을 종합해보면 '시스템 붕괴' 가능성이 상당히 커서 아무런 조치도 취하지 않는 것이 매우 불안하게 느껴질 정도였습니다. 제 생각에 붕괴 가능성은 50%에 크게 못 미쳤지만 그래도 우려할 만큼 상당히 높은 수준이었습니다."

시간이 흐르고 연준이 일련의 긴급 조치를 실행하고 나서야 그린스펀이 한 발언의 심각성이 주목을 받기 시작했다. 그는 겨우 36억 달러의 구제금융이 없었다면 시스템이 붕괴될 가능성이 있었다고 고백했다. 왜일까?

그 답은 파생상품Derivatives에 있다. 파생상품은 증권으로 간주되지 않는 금융계약이다(증권은 주식, 채권 등을 가리키며 파생상품에는 스톡옵션, 선물거래, 금리스왑 등이 있다). 투자자산의 시장 노출 위험을 줄이기 위한 헤지 거래 수단인 파생상품은 투자 포트폴리오를 합성해 일련의 결과치에 연동시키는 것으로, 1990년대에 본격화해 주로 금리변동 위험에 대처하는 수단으로 활용되었다.

파생상품은 새로운 형태의 은행부채로 금융 규제당국은 물론 심지어 은행 시스템 내에서도 온전히 이해하기가 어려웠다. 파생 상품은 은행 시스템 내 금융채무가 거미줄처럼 복잡하게 얽힌 형태였고 특히 미국과 유럽계 소수 대형 은행들 간의 관계에 위험이 집중되어 있었다. 1998년 9월 LTCM의 주요 거래업체인 베어스턴스Bear Stearns와 투자은행들이 LTCM에 막대한 마진콜을 요구하면서 LTCM이 보유한 파생상품으로 인해 시스템 전체가 무너질 수도 있다는 집단적 우려를 촉발했다.

LTCM 긴급 구제 조치 당시 전 세계에서 금리스왑, 신용부도스왑, 외환스왑 등을 포함한 모든 파생상품의 총 시장가치는 3조 달러였다. 당시 미국채 총 발행액도 3조 달러 정도였다. 2007년에 이르자 미국채 총 발행액은 4조 달러로 증가한 반면 파생상품의 시장가치는 무려 11조 달러에 달했다. 4조 달러 규모의 국채는 200년 역사의 신용도를 기초로 발행한 것인 반면, 지속 불가능한 수준인 11조 달러의 파생상품은 은행들 사이에 걸쳐 있는 닳아빠진 가느다란 선 위에 불안하게 서 있는 형국이었다.

절망의 나락으로

LTCM 긴급 구제 이후 달러 피라미드의 토대에 균열이 생겼음이 드러났지만 금융시장 금리는 외견상 견고해 보였다. 단기 미국채 금리, 연방기금금리, 유로달러 리보, 국채 레포금리, GC금리 등은 수년 동안 긴밀하게 동조하는 모습이었다. 소폭의 차이를 보일 때도 있었지만 항상 계절성 요인이나 특수한 상황의 결과로 설명되었다.

그러나 2007년 8월 9일을 기점으로 모든 상황이 변하기 시작했다. 그날 리보는 0.12% 상승해 사촌지간인 여타 지표금리에 비해 미미한 변동폭을 보였다. 미세한 차이였지만 뭔가 드라마틱한 사건의 시작을 알리는 신호였다. 그 전날 밤 프랑스의 BNP파리바은행은 특정 파생상품의 평가를 기피하며 미국의 주택대출과 관련된 금융상품을 보유한 펀드들의 현금 인출을 전면 동결했다.

이후 몇 주 동안 불신에 따른 갑작스러운 동요로 은행 간 자금조달시장이 마비되었다. 은행들은 어떤 방식으로든 서로에게 자금을 대출하길 두려워했다. 다음 날 어느 은행이 문을 닫을지 아무도 몰랐기 때문이다. 아무런 우려 없이 은행 간 자금 대출이 무제한으로 이뤄지던 시대는 막을 내렸고 서로 극도로 경계하며 긴장의 끈을 놓지 않는 시대가 열렸다. 달러 피라미드에서 위로 올라가려는 움직임도 다시 일어났다.

2007년 12월 12일 연준은 어쩔 수 없이 '방 안에 앉아 있는 거대한 코끼리' 같은 문제, 즉 유럽 은행 간 신뢰 문제를 언급할 수밖에 없는 상황에 내몰렸고 '회계 담당자의 펜'에서 만들어진 유로 달러의 자금조달 메커니즘은 무너졌다. 유럽 은행 간 신뢰가 급격히 위축되는 상황이 리보금리 상승으로 드러나자 전체 달러 피라미드는 지진이 난 듯 흔들렸다.

연준은 역외 은행 시스템에 유동성을 공급하기 위해 유럽 중앙은행과 스위스 국립은행에 외환스왑 라인을 도입했으며 연준의 감시망 밖에서 달러 부채를 창출하는 관행에 눈을 감아야 했다. 최종 대부자라는 연준의 역할은 국경 밖으로 넓어졌다. 권한이 갑자기 국내에서 국제 통화정책으로 확대되어서가 아니라 국제 통화제도가 복잡하게 발전했기 때문이다. 이는 피할 수 없는 난제지만 국제 통화 시스템 전체가 염치없게도 연준을 유일한 대부자로 의지하는 상황이라 공식 논의 테이블에 꺼내놓을 수도 없었다. 외환스왑은 연준이 다른 중앙은행 몇 곳에 배타적으로 제공한 또 다른 유형의 두 번째-계층 화폐였다.

2008년 미국에서 주택담보대출 디폴트가 줄을 잇는 가운데 망가진 모기지 파생상품으로 복잡하게 얽힌 실타래가 달러 피라미드의 하위계층에서 균열을 일으키며 급격하고 영구적인 결과를 초래했다. 2008년 9월 15일 명망 높은 투자은행이던 리먼 브러더스가 파산했을 때, MMF인 리저브 프라이머리 펀드Reserve Primary Fund가 주당 가격을 0.97달러로 고시해 '1달러가 무너진broke the buck' 일화는 매우 유명하다(주당 가격을 0.97달러로 고시했다는 것은 초우량 단기 채권에만 투자하는 MMF도 투자원금을 보장할 수 없다는 것을 의미하며 이는 시장에 큰 충격을 주었다. 참고로 2008년 당시 46년이 넘는 MMF 역사상 리저브 프라이머리 펀드 이전에 주당 순자산 가치를 U$1 이하로 고시한 경우는 단 두 차례에 불과했다. 첫 번째는 1978년 First Multifund가 주당 0.94달러를, 두 번째는 1994년 The Community Bankers US Government Fund가 주당 0.96달러를 고시한 바 있다.-역주).

이것은 리먼 브러더스의 상업채권 중 상당액이 부도 처리된 데 따른 결과였다. 액면가에서 불과 3센트 하락한 것이었으나 금융시장 전반에 패닉을 촉발했고 전 세계 중앙은행과 정부의 전례 없는 긴급 구제 조치를 이끌어냈다. 패닉의 원인은 단순한 3센트 하락이 아니라 만약 리먼 브러더스 상업채권이 부도나고 리저브 프라이머리 펀드의 주당 가격이 1달러에 미치지 못한다면 그 무엇도 믿을 수 없는 상황이라는 점에 있었다. 모든 종류의 은행 부채가 유동성을 상실했으며 금융 시스템이 얼어붙었다. 마치 시간이 멈춰버린 듯했고 다음 날 은행이 문을 열 수 있을지 누구도 확신하지 못했다.

유일한 대부자인 연준은 시스템 붕괴를 막기 위해 연이어 구제 금융 조치를 발표했다. 거대 보험사 AIG는 9월 16일 연준으로부터 구제금융을 지원받았다. 갑작스럽게 줄부도가 나기 시작한 위험 등급의 주택담보대출증권 관련 보험을 판매해왔기 때문이다.

9월 19일 연준은 패닉으로 MMF에서 자금이 빠져나가는 것을 방지하기 위해 MMF 전체 상품의 주권 가격을 액면가로 유지하겠다고 보증했다. 골드만삭스와 모건스탠리는 투자은행에서 연준 대출을 직접 받을 수 있는 은행지주사로의 전환을 허용받은 뒤 9월 22일 구제금융을 받았다. 이와 동시에 연준은 하루 단위로 전 세계 주요 중앙은행의 유동성 규모를 늘려야 했다. 시스템 붕괴를 피하기 위해 연준은 유동성을 원하는 시장의 요구에 굴복할 수밖에 없었으며 이는 연준의 완전한 항복 문서나 다름없었다.

연준이 모든 종류의 현금을 지원하고 뒷받침하기 위해 노력했음에도 피라미드 하단에 속한 자산은 계속 청산되었고 달러 피라미드를 오르려는 시도는 계속 이어졌다. 연방준비제도를 설립한 본연의 취지는 이런 금융위기가 발생했을 때 화폐 시스템에 가해지는 충격을 견뎌낼 만큼 충분한 두 번째-계층 화폐를 탄력적으로 제공하는 데 있다.

11월 25일 연준은 미국채를 대량 매수하는 방식으로 막대한 준비금을 시스템 안으로 쏟아부었다. 연준이 매수한 미국채는 대부분 새로 발행한 것으로 경제 불황, 세수 부족, 기업 금융구제에 따른 막대한 적자를 보전하기 위한 자금조달용이었다. 이처럼 연준이 두 번째-계층 화폐를 대규모로 확대한 것은 시스템 어디선가 발생하고 있는 화폐 수축 상황에 대응하기 위해서였다.

연준은 은행 간 신뢰와 유동성 붕괴 상황에 대처하고자 신뢰할 수 있는 자신의 화폐 유동성에 의존했다. 이 조치를 연준은 양적 완화Quantitative Easing, QE라고 부르지만 보다 적합한 표현은 두 번째-계층 화폐의 대량생산일 것이다.

2007~2009년 금융위기 이후 수년 동안 은행 간 신뢰는 점점 더 나빠졌다. 은행은 매년 연말 기준으로 평가하는 지급준비율 규정을 충족하기 위해 매년 4분기가 되면 신용 리스크 익스포저를 줄이고 자기자본 비율을 높이려 했다. 2007년 8월 리보금리가 연방기금금리 등의 다른 지표금리와 다르게 움직인 것처럼 매분기 말이나 미국 납세 마감일 같은 특정 이벤트 날짜를 중심으로 주요 금융시장의 금리 스프레드(채권 간의 금리 격차)가 확대되는 일이 갈수록 빈번하게 발생했다.

극심한 혼란 속에서 연중 특정 시기에 자금이 가장 필요한 사람에게 적절한 자금이 제공되지 않고 있다는 것이 드러났다. 금융시장은 말 그대로 무질서한 상태였다. 연준은 돈의 가격을 내리고 목표금리를 제로 수준으로 낮췄으며, 상태가 불분명한 유로달러 시장을 지원하고 미국 은행 시스템을 부양하기 위해 수조 달러의 지급준비금을 발행했다. 무엇을 위해 그런 조치를 취했을까?

수년 뒤 연준은 마침내 그간의 긴급조치를 중단하고 금융 정상화를 시도했으나 금리를 2% 이상으로 인상하면 즉시 금융 패닉이 고개를 드는 상황이 벌어졌다. 연준은 달러제도의 취약성을 다시금 깨닫고 방향을 급선회할 수밖에 없었다. 아이러니하게도 연준은 세 번째-계층 부실자산들이 자신의 최종 운명을 향해 가는 것을 불허했고 결국 시스템 내에 부실자산이 계속 쌓이면서 시장은 더 이상 '가격 발견' 기능을 할 수 없을 만큼 망가졌다. 이제 평화로운 금융시장으로 돌아가는 것은 불가능하다.

유일한 대부자

2010년대 레포시장에서는 일시적인 자금경색으로 레포금리가 순간적으로 치솟는 상황이 몇 차례 발생했으므로 2019년 9월 레포시장 위기 때도 미국 법인세 납부기한이 위기의 주범으로 지목되었다. 금융매체들은 법인세를 납부하려는 기업이 MMF 주권을 매도하는 바람에 미국채 레포 대출이 일시 경색된 사건이므로 세금 납부기간이 지나면 레포시장 유동성이 신속히 정상화할 것으로 예측했다. 9월 16일 일반 담보대출 금리General Collateral(GC금리)가 연준 금리 대비 0.1% 상승했지만 누구도 신경 쓰지 않았다. 리보금리가 다른 지표금리와 긴밀하게 동조하던 관계에서 이탈하기 시작한 그 악명 높은 2007년 사건 이후 수년 동안 0.1% 정도의 움직임은 일반적인 현상으로 받아들여졌다.

그런데 그다음 날 레포시장의 가장 치욕스러운 순간으로 기록될 만큼 상황이 급변했다. 늦은 아침 갑자기 미국채 레포와 GC 금리가 연준 금리보다 무려 8%나 높은 수준에서 형성되었다. 이는 적어도 하나의 은행이 시장에서 미국채를 담보로 자신에게 대출해줄 상대방을 찾지 못하고 있다는 의미였다. 연준은 긴급하게 움직였다. 그날 오후 연준은 '긴급 국채 레포 기금'을 만들어 미국채 담보대출시장 전체를 뒷받침할 정도의 긴급자금을 제공했다.

여전히 그 원인을 계절적 요인으로 지목하고 있었으므로 연준의 조치는 일시적이어야 했으나 상황은 사뭇 다르게 펼쳐졌다. 오히려 연준은 국채 레포시장이 원활히 작동하도록 보증하는 것이 연준의 책무임을 공인하고 9월 17일 같은 상황이 다시는 발생하지 않도록 이후로도 국채 담보대출을 아낌없이 제공하겠다는 단호한 의지를 표명해야 했다.

2007년 12월 유로달러를 구제한 연준은 이제 국채 레포시장에서 움직이는 달러화 화폐에도 무제한의 자유를 줌으로써 달러화 화폐 발행을 제도적으로 규율하려던 계획은 쓰레기통에 처박혔다. 그저 시장 불안정에 대응하며 두 번째-계층 도매화폐를 생산할 방법을 모색하는 것 외에 다른 방법을 찾을 수 없었다.

2020년 3월 코로나 팬데믹으로 글로벌 금융시장이 패닉에 빠지자 연준은 국채 레포시장과 MMF, 15개 해외 중앙은행에 유동성을 지원하기 위한 몇 가지 대출 재원을 공표했다. 또한 연준은 외국인이 미국채를 청산하는 것을 막기 위해 승인받은 외국기관들이 미국채 레포시장에서 대출을 받을 수 있는 창구를 제도화했다. 현금이 긴급히 필요한 외국 정부와 중앙은행이 미국 국채시장을 교란할 수 있다는 우려 때문이었다. 한마디로 연준이 운영하는 전당포에 미국채를 맡기고 돈을 빌릴 수 있게 해준 것이다.

패닉이 발생하고 처음 며칠간 주가와 기업 채권가격이 폭락하는 가운데 세계 최고의 안전자산에 대한 수요가 폭발하면서 미국채 가격이 치솟았다. 그러나 미국채도 패닉의 영향권에서 자유롭지 않았다. 시장 전체가 혼돈에 빠지면서 대표적인 안전자산으로 여겨져온 장기 미국채 10~30년물에 대한 매수세가 사라졌다.[9] 연준 위원들은 충격에 빠졌다. 국채시장이 제 기능을 하지 못하는 상황은 재앙으로 가는 지름길이었기 때문이다.

곧이어 연준의 미국채 매입과 준비금 창출의 파도가 몰아쳤다. 그 규모는 2008~2010년 이뤄진 양적완화 프로그램을 예행연습이라 불러야 할 정도로 어마어마했다. 주말에 회의를 연 연준은

---

9 대형 헤지펀드들이 주도한 국채와 국채 선물 파생상품 간의 차익거래로 2020년 3월 국채시장에 큰 혼란이 빚어졌다는 비난이 쏟아졌으나 논란은 계속 이어지고 있다.

새로운 무제한 양적완화 프로그램을 발표했다. 이는 최대 한도금액을 정하지 않고 미국채를 무제한 매입하겠다는 것으로, 연준이 전 세계에서 가장 중요한 미국채 시장이 계속 혼란을 겪도록 내버려두지는 않을 것이라는 확신을 주기 위한 조치였다.

전 세계 모든 화폐류 지폐와 증서는 이미 연준과 독립해 스스로 생존할 능력을 상실하고 있다. 금융위기에 대처하는 과정에서 연준은 달러 피라미드의 최정상 자리를 단 한 번도 내주지 않았으며, 오히려 연준의 감시망 밖에서 움직이던 부문까지 다시 체제 안으로 편입시키는 데 일정 부분 성공했다. 예외 없이 모든 화폐가 연준이 개입하지 않았다면 사실상 파산할 운명을 피할 수 없는 상태였기 때문이다. 시스템 전체가 연준의 지원만 쳐다보는 상황인 것이다.

지난 12년여 동안 달러 시스템의 취약성이 만방에 드러났으나 아이러니하게도 달러는 오히려 화폐 시스템의 기둥으로 더 깊이 뿌리를 내렸다. 하지만 시스템이 급격하게 취약해져 위기가 발생할 때마다 그 전개 속도가 더욱 가팔라진다는 것이 분명해지면서 달러 시스템 안에 갇힌 세계는 화폐 르네상스를 갈망하기 시작했다.

우리는 한 걸음 물러서서 왜 연준이 이 모든 두 번째-계층 화폐를 준비금, 국채 레포 대출, 외환스왑 대출 그리고 기타 구제금융 형태로 창출하고 있는지 이해해야 한다. 구조상 연준은 도매화폐의 안전장치 역할을 한다. 사실상 헬리콥터 비행대를 날려 두 번째-계층 소매화폐(연준 은행권 혹은 현금) 다발을 뿌려대지 않으면, 개인 소비자로 이어지는 화폐 소매상에게 유동성을 제공할 방법이 없다. 연준이 통화 부양책을 제공하는 유일한 방법은 금융 시스템 내에서 가장 필요로 하는 곳에 도매화폐를 계속 제공하는 것이다. 연준의 역할은 준비금을 제공하는 것으로, 개인 소비자를 대상으로 한 소매화폐용 부양책을 마련할 정치적 권한은 없다. 이 또한 미래에 바뀔 수 있으며 9장에서 자세히 다룬다.

달러 종말을 이야기하는 것은 섣부른 일이다. 지금까지 연준이 창출한 화폐 규모를 고려할 때 이런 주장은 그 나름대로 수학적 근거가 있지만 대안을 제시하는 단계까지 이르지는 못하고 있다. 달러는 여전히 부인할 수 없는 세계 기축통화다. 미국이 글로벌 경제에서 차지하는 비중은 15%에 불과하지만 전 세계 국제송장의 절반은 미국달러로 발행된다.

끝없어 보이는 연준의 달러 창출과 관련해 의미 있는 비판이 이어지고 있지만 달러의 지위는 계산 단위로서, 국제 상업거래에서 선호하는 지불수단으로서, 자본시장 조달화폐로서 압도적이라 표현하기에 부족함이 없다. 앞으로 수년 동안 달러가 지배적인 지위를 잃는 일은 없을 것이다.

미국채는 여전히 무위험 자산이라는 이름에 걸맞게 시장 유동성과 탄탄한 자금 조달 체제가 입증된 유일한 자산으로 남아 있다. 그렇지만 달러는 가치 변동이 심하므로 오랜 기간 달러 가치를 보존하는 진정한 방법은 미국채 포트폴리오를 보유하는 것이다. 자본을 달러로 보관하고 싶을 경우 미국 국채시장이 유일한 선택지다. 유동성과 시장 규모 면에서 미국 국채시장에 비견할 만한 곳은 없고 민간은행의 세 번째-계층 화폐는 불안정하기 때문이다.

3부

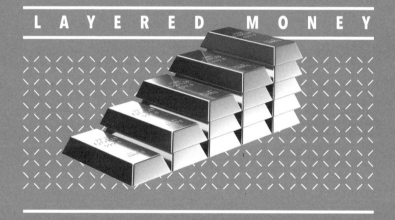

LAYERED MONEY

대안을 찾아서
-비트코인

7장

화폐 르네상스

2008년 리먼 브러더스가 파산하고 46일 뒤, 그러니까 세계적으로 위태로운 달러 시스템을 우려하는 목소리가 점증하던 시점에 9쪽짜리 짧은 논문 하나가 소규모 온라인 커뮤니티인 '암호학 메일링 리스트Cryptography Mailing List'에 올라왔다. 통화학이 아닌 암호학 전문가용으로 작성한 논문이라 당시에는 화폐 관련 문서로 간주되지 않았다. 그러나 돌이켜보면 최초의 비트코인 논문을 세상에 공개한 2008년 10월 31일은 화폐 진화 역사의 한 페이지에 공식적으로 기록되어야 마땅하다. 그 논문이 우리 사회 금융 인프라에 대안을 제시해서만이 아니라 그것이 현실 사회의 여러 변화에 미치는 파급력 때문이다.

독창적인 화폐 수단인 비트코인은 이미 전 세계 인구 중 1%, 즉 1억 명 정도가 보유하고 있다.[10] 사용자와 시장가치가 기하급수적으로 증가하는 가운데 정치인, 은행가, 금융 미디어의 비판도 맹렬해지면서 비트코인은 전 세계적 관심과 논쟁의 중심으로 떠올랐다. 성장과 영향력 확대로 이 새로운 화폐 기술을 종합적인 관점에서 살피는 객관적이고 수준 높은 연구도 이어지고 있다.

더는 비트코인을 제도권 밖의 가치 없는 화폐로 묵살하면 안 된다. 오히려 비트코인이 그토록 지대한 관심과 시장가치를 얻는 이유가 무엇인지 따져봐야 한다. 금이 수천 년이나 앞서 출발했는데도 비트코인은 불과 12년 만에 전체 금시장 시가총액의 6%를 획득하지 않았는가.[11]

화폐과학 세계에서 비트코인은 외계 침략자 같은 존재다. 지난 반세기의 폭발적인 기술혁신에 굳건히 뿌리 내린 비트코인은 이전에 존재한 그 어떤 것과도 닮지 않았다. 응용암호학applied cryptography이라는 컴퓨터공학 분야가 금융 시스템에 접목되어 놀랄 만한 혁신을 불러일으켰으니 말이다.

---

10 케임브리지대학은 2020년 9월 기준으로 전 세계에 계좌가 1억 9,100만 개 있으며 '총 가상자산 사용자'가 1억 100만 명에 이르는 것으로 추산했다.

11 이 책에서 언급한 BTC/USD 가격과 총 시장가치는 비트코인이 12주년을 맞은 2021년 1월 3일 기준으로 각각 3만 4,000달러와 6,300억 달러다(데이터 출처: Coin Metrics).

비트코인의 침공은 지속적으로 반향을 일으키며 해가 갈수록 인지도가 상승하고 있다. 계층 구조 렌즈로 비트코인의 출생 순간을 되돌아보면 우리는 통화학이 암호학과 융합해 전혀 새로운 형태의 첫 번째-계층 화폐를 발명했음을 알 수 있다. 비트코인은 탄생 후 수십 년이 경과한 지금에야 그 결합을 화폐적 현상으로 인정받기 시작했다. 그러니 우리는 향후 비트코인이 어떤 행보를 보일지 예상하기에 앞서 비트코인의 기원과 초기 역사, 자체 화폐 피라미드가 발전하는 과정을 이해해야 한다.

사토시 나카모토와 비트코인 논문

사토시 나카모토가 작성해 2008년 10월 31일 공표한 논문은 세상의 화폐 개념을 근본적으로 바꿔놓았다. 사토시라는 인물과 그 (그녀 혹은 그들)의 저서는 아직도 신비스러운 익명성에 둘러싸여 있다. 작성자가 누구인지 아직 밝혀지지 않은 것은 오히려 '중립성'이라는 비트코인의 장점을 더욱 부각하는 요인이기도 하다. 시스템에 지나친 영향력을 행사하거나 강압과 협박으로 비트코인의 규칙을 바꿀 지도자가 없다고 해석되기 때문이다. 이제 와서 설계자의 신분은 전혀 중요하지 않다는 주장이 있는 반면 정체불명의 누군가가 만든 음모라는 의심도 여전히 수그러들지 않

고 있다. 사토시는 2011년 4월 마지막 서신을 보낸 후 인터넷에서 완전히 사라졌다.[12]

사토시의 전설과 신비로운 행적은 언젠가 영화로 제작될지 모르는 극적인 소재 정도이지만 그가 고안한 소프트웨어는 화폐 개념 자체를 영원히 바꿔놓았다. 사토시 나카모토의 논문 〈비트코인: P2P 전자 현금 시스템Bitcoin: A Peer-to-peer Electronic Cash System〉은 다음 문장으로 시작한다.

'완전한 peer-to-peer 버전의 전자 현금은 금융기관을 거치지 않고 어느 일방이 다른 상대방에게 온라인으로 결제하도록 만들 수 있다.'

금융기관을 거치지 않고 온라인으로 송금이 가능한 거래 당사자 간의 협조 체제를 어떤 방식, 어떤 규칙에 따라 구축한다는 것인가? 금융기관에 의존하지 않고도 세계적으로 인정받는 중립화폐는 역사상 금이 유일하다. 사토시가 구상한 비트코인의 가장 매력적인 요소는 바로 첫 번째-계층 화폐로서 거래상대방 위험이 없는 금의 특성을 모방한 점이다. 이것은 은행들이 재무상태

---

12 이 책에서는 편의상 사토시 나카모토를 '그'라고 지칭한다. 하지만 사토시의 정체는 지금도 알려져 있지 않다.

표로 만들어내는 기존 화폐 구조에서 탈피하겠다는 일종의 독립 선언이나 마찬가지다. 비트코인의 기본 용어로 널리 알려진 '암호화 빌딩블록' 개념을 토대로 작성한 사토시의 논문은 암호학 메일링 리스트의 일부 회원 사이에서 정당성을 인정받았다.

비트코인의 정의

비트코인이라는 단어는 공식적으로 '비트코인 소프트웨어 프로토콜'과 '해당 소프트웨어 내에서의 화폐 단위'를 모두 가리킨다. 이 책에서는 소프트웨어 자체와 구분된 화폐 단위를 언급할 때는 'BTC'로 지칭한다. 소프트웨어 프로토콜로서 비트코인은 2001년 미국 정보 커뮤니티에서 일련의 규칙으로 처음 공표한 '보안 해시 알고리즘 2Secure Hash Algorithm 2, SHA2'라는 군사용 암호 알고리즘을 사용한다.[13] 비트코인은 SHA2를 정보 규칙과 결합해 금의 화폐 속성을 디지털 세계에 구현했다. 요컨대 사토시는 군사와 정보 분야에서 이미 안정성을 입증한 암호 기술로 비트코인을 설계한 것이다. 이 알고리즘에 기초해 사토시가 '블록들의 체인'이라 부른 협력 메커니즘이 탄생했고 이것은 비트코인 블록체인으

---

13 비트코인은 SHA-256이라는 SHA2 유형을 사용한다.

로 알려졌다.

컴퓨터공학

비트코인의 구체적인 기술혁신을 본격 검토하기 전에 기술 측면에서 비트코인을 완전히 이해하는 것은 컴퓨터공학 전문가 수준의 엄청난 지식이 필요하다는 것을 인정할 필요가 있다. 비트코인 소프트웨어 서적은 이미 시중에 많이 나와 있는데 대부분 키Keys, 주소, 지갑, 거래, 채굴 등 프로그래머 수준의 전문적인 내용이다.

다음 두 장에서 이 내용을 설명하겠지만 비트코인 소프트웨어 이면의 암호 기술을 보다 깊이 알고 싶다면 안드레아스 안토노풀로스가 쓴《비트코인, 공개 블록체인 프로그래밍Mastering Bitcoin》을 일독하길 권한다. 이 책은 컴퓨터공학 전문 지식은 없지만 비트코인의 기술적 작동 원리를 알고 싶은 사람이 읽을 수 있게 쓴 것이다.

그 외에는 사람들이 디지털 의사소통을 위해 이메일을 신뢰하는 것과 동일한 방식으로 비트코인이 신뢰할 만한 디지털 화폐로 작동한다는 것 정도로만 이해하면 된다. 우리는 이메일 시스템이 어떻게 작동하는지 정확한 기술적 지식을 갖추지 못했어도 이메일을 신뢰하며 주고받고 있지 않은가.

이해를 돕는 유용한 비유 세 가지

비트코인은 흔히 금, 토지, 이메일에 비유된다.

BTC는 디지털 금으로 화폐의 한 형태다. 사람들이 BTC를 신뢰하는 이유는 귀하고 가치가 있다고 믿기 때문인데 이는 마치 수천 년 동안 사람들이 금에 보인 신뢰와 같다. 금과 마찬가지로 BTC의 가격도 수백 개의 서로 다른 화폐 단위로 표시한다. 무엇보다 중요한 것은 BTC도 금처럼 금융기관의 재무상태표에서 생겨나지 않는다는 점이다. 금과 BTC는 모두 거래상대방 위험이 없는 자산인데 이 책 뒷부분에서 금과 비트코인을 보다 포괄적으로 비교할 것이다.

BTC는 디지털 토지다. 지구상에 토지 5,700만 평방마일이 있는 것과 유사하게 지구상에는 BTC가 단지 2,100만 개만 존재하게 된다. 다행히 BTC라는 디지털 토지는 아주 작은 단위로 쪼갤 수 있다.[14] 마크 트웨인은 "토지를 사라. 왜냐하면 토지는 원한다고

---

14 1BTC는 사토시의 이름을 딴 단위인 1억 사토시sats와 같다. Sats는 (달러와 센트의 관계처럼) BTC의 하위 단위이며 21,000,000BTC는 2,100,000,000,000,000사토시와 같다.

추가로 만들어낼 수 있는 게 아니니까"라고 말한 바 있는데 BTC 도 같은 방식으로 생각할 수 있다.

지구상의 토지 면적과 마찬가지로 BTC도 희귀하다. BTC가 어떻게 희소성을 획득했는지는 곧 살펴보겠지만 사람들이 파운드화, 엔화, 미국달러 등으로부터 비트코인의 세계로 이주하면서 BTC라는 디지털 토지를 현재 가격에 사는 것은 점점 더 어려워질 것이다.

BTC의 가격 상승은 토지 획득에 비유할 수 있고 시장가치와 사용자의 기하급수적 증가는 1990년대 인터넷 붐에 견줄 만하다. 비트코인을 알짜 부동산처럼 생각하는 사람들이 늘어나면서 비트코인이라는 파이 한 조각의 가격은 장기간에 걸쳐 꾸준히 상승해왔다. 비트코인 왕국은 단 한 명의 누군가가 통제하는 것이 아니며 모든 인류가 디지털 부동산의 주인이 될 수 있다. 사람들이 북적댈수록 소유권 가치는 더욱 비싸지게 마련이다. 결국 사람들은 화폐 르네상스가 펼쳐지고 있음을 깨달을 것이고 기회를 놓칠 수 있다는 공포에 압도당할지도 모른다.

비트코인은 이메일과 비슷한 방식으로 작동한다. 이메일 시스템의 작동 원리는 컴퓨터공학자가 아니면 이해하기 어렵지만 이메일을 보내고 받는 기본 활동은 누구에게나 익숙하다. 알다시피 이메일 주소는 누구와도 공유할 수 있으나 받은 메일을 확인하려면 비밀번호를 알아야 한다. 비트코인도 유사한 방식으로 작동한다. 비트코인 주소는 내게 돈을 보내려는 어떤 사람과도 공유할 수 있지만 개인 키Private Key라 불리는 비밀번호가 있어야 그 돈을 쓸 수 있다. 이메일은 데이터를 주고받는 프로토콜로 정식 명칭은 '간이 우편전송 프로토콜Simple Mail Transfer Protocol, SMTP'이다. 비트코인 역시 프로토콜이며 단지 데이터가 아닌 가치를 주고받는다는 점이 다를 뿐이다.

블록체인과 비트코인 채굴

비트코인이 인류 문명사상 최고의 검증된 화폐 자산인 금에 버금가게 만드는 요소는 무엇일까? 그 답은 비트코인의 프로토콜 규칙에 있다. 비트코인 블록체인Block chain은 기본적으로 네트워크 내의 모든 피어peer가 동시에 보관하는 거래 기록을 기술하는 것이다.

블록과 체인을 제대로 정의하기 위해 먼저 피어라는 단어를 들여다보자. 비트코인 용어로 비트코인 소프트웨어를 실행하는 컴퓨터 기기인 노드node를 운영하는 사람은 누구든 피어가 될 수 있다. 그리고 비트코인 노드를 운영하는 사람만 전적인 무신뢰trustless 방식으로 비트코인을 사용할 수 있다(무신뢰는 '거래상대방 위험을 지는 것'의 반대 개념이다). 이는 어떤 은행이나 거래소, 소프트웨어 회사에 위임하지 않고 자신의 소프트웨어만으로 비트코인 거래를 제대로 정산했음을 검증한다는 의미다.

비트코인의 마법은 전 세계 모든 사람이 피어가 되어 금융 네트워크의 직접적인 당사자로 참여하는 소프트웨어를 운영할 수 있다는 점이다. 물론 대다수는 지갑 기능을 하는 스마트폰 앱이나 매매와 수탁을 위한 거래소 등 특정 서비스 제공 업체를 이용한다. 지갑과 거래소는 비트코인 업계의 은행과 같다. 사람들이 미국달러나 자국 통화를 사용할 때 은행을 이용하는 것처럼 비트코인과 교류하기 위해 지갑과 거래소를 활용하는 것이다.

그러나 꼭 그래야만 하는 것은 아니며 바로 이 점이 비트코인을 강력하게 만드는 힘이다. 컴퓨터와 인터넷만 있으면 누구든 어떤 종류의 회사, 정부, 기관에 의존하지 않고도 국제 거래를 수행할 수 있다. 현실을 보자면 많은 사람이 비트코인 소프트웨어 프로그램은 숙련도 높은 전문가가 운영하는 것이 효율적이라고 생각한다. 그래서 대다수는 거래소처럼 전문 기술 지식을 보유한 민간 업체가 제공하는 서비스를 신뢰해 이를 이용한다.

이제 블록을 정의해보자. 블록은 일련의 데이터 집합으로 미정산 상태이며 사람들이 정산 과정을 완료하려는 거래의 상세 정보를 담고 있다. 쉽게 말해 이메일을 전송은 했으되 아직 수신하지 않은 혹은 아직 사이버 공간에만 존재하는 상태라고 할 수 있다. 블록이 여러 개 모여 체인이 되는데 블록 한 개를 채굴하면 미정산 거래가 확정된다. 그러면 채굴은 정확히 무엇을 의미할까?

광부가 에너지를 소비해 지표면에서 금을 채굴하는 것처럼 BTC 채굴자^{miner}(새로운 비트코인 공급을 놓고 경쟁하는 피어들)도 BTC 소프트웨어 내에서 BTC를 보상받기 위해 에너지를 소비한다. 보상은 비트코인 채굴자가 난수^{random number}를 발견할 때 주어지는데 이를 '계산 로또복권' 정도로 생각해도 좋다. 그 행운의 복권 숫자를 발견하려면 초당 수억 번의 계산이 이뤄져야 한다. 말하자면 BTC 채굴은 엄청난 규모의 난수 계산 게임이라 할 수 있으며 가장 빠르고 성능 좋은 컴퓨터만이 '계산적 추측 능력'이 최고 가치로 인정받는 채굴 게임에서 경쟁할 수 있다.

비트코인 네트워크가 발전하기 시작한 초창기에는 누구든 일반적인 노트북을 사용해 BTC를 채굴할 수 있었다. 하지만 오늘날에는 ASIC^{application-specific integrated circuits}(주문형 반도체) 같은 고성능 슈퍼컴퓨터를 사용해야 BTC 채굴이 가능하다. 그렇다고 전문적인 기술 지식이 반드시 필요한 것은 아니며 전기, ASIC, 소프트웨어만 있으면 누구든 BTC 채굴 프로세스에 참여할 수 있다.

채굴자에게는 이 과정에 참여할 금전적 동기를 제공한다. 노력의 대가로 BTC를 얻을 수 있으며 보상으로 주어진 BTC는 현지 화폐로 교환할 수 있다. 이들은 해일 같은 에너지와 계산 능력을 쏟아부어 체인에 블록을 추가함으로써 비트코인 네트워크를 보다 안전하게 만든다. 이 해일 같은 힘을 일반적으로 해시파워hashpower라고 하는데 여기서 '해시'는 비트코인의 암호화 소프트웨어인 SHA2에서 유래한 것이다.

비트코인 채굴은 작업증명proof-of-work을 수행한다고 표현한다. 작업증명 개념은 2002년 비트코인이 탄생하기 전에 엑서터대학에서 컴퓨터공학 박사학위를 받은 애덤 백Adam Back이란 암호학자가 창안했다. 사토시 나카모토는 자신의 논문에 애덤 백을 인용했으며 비트코인의 독창적 신뢰성 중 상당 부분은 2008년경 이미 검증한 기술로 자리 잡은 작업증명 원리에 기반했다. 그가 비트코인 논문에 언급했듯 비트코인에서 작업증명은 금을 캐내는 일과 같다.

'새로운 코인을 꾸준히 추가하는 것은 금 채굴자가 자원을 활용해 유통시장에 금을 공급하는 것과 같다.'

오해하지 마시라. 이 논문 내용은 단순한 비유에 그치지 않는다. 사토시 나카모토는 비트코인을 아주 정밀하게 설계했다. 그는 거래상대방 위험이 없는 형태의 화폐로 역사상 가장 오래 생존해온 금을 모방해 비트코인을 고안했다.

　금을 발견하는 것은 쉽지 않고 비용이 저렴하지도 않다. 비트코인도 마찬가지다. 금과 비트코인 둘 다 채굴하려면 에너지가 필요하다. 채굴자가 성공적으로 채굴해 BTC 획득에 성공하면 어떤 일이 생길까? 비트코인의 공유 거래원장이 업데이트되어 네트워크의 모든 피어가 어떤 비트코인 주소가 정확히 얼마의 BTC를 갖게 되었는지에 관한 가장 최신 기록을 얻는다. 이런 과정으로 여러 개 블록이 모여 체인이 되며 이 비트코인 블록체인은 일종의 회계기록으로 모든 피어가 열람할 수 있다. 비록 블록체인이라는 용어가 널리 쓰이고 있지만 모든 피어가 원장 혹은 거래기록을 갖는 네트워크 구조를 보다 적절히 표현하는 단어는 '분산원장기술distributed ledger technology'이다. 이러한 이유로 중앙은행조사국research department은 비트코인의 독창적인 분산원장 방식을 모방하는 소프트웨어를 표현할 때 분산원장기술이라는 용어를 사용한다.

　채굴자는 블록을 채굴해 얼마의 BTC를 얻을 수 있으며 BTC 공급은 누가 결정하는가? 사토시가 설계한 비트코인의 정밀함은 화폐정책에서도 찾아볼 수 있다. 화폐정책이란 화폐로서 BTC 공급과 관련된 규칙은 무엇이고 공급한 BTC는 어떻게 존재하는가에 관한 것이다. 비트코인의 화폐정책은 중앙은행 회의실에 있는 몇몇 사람이 정하는 게 아니라 2008년 사토시가 특정해 알고리즘으로 프로그램화한 발행 일정에 따라 정해진다. 이것은 매우 논리적이고 명확하며 공정한 발행 규칙으로 네트워크 초기 참여자들은 이를 수용했다.

처음 21만 개 블록(혹은 약 4년 동안)에 대해서는 각 블록을 채굴할 때마다 채굴자에게 50BTC가 보상으로 제공된다. 그다음 21만 개 블록은 블록당 보상이 25BTC로 줄어든다. 21만 개를 채굴할 때마다 채굴 보상이 반으로 줄어드는 구조다. 비트코인 발행 일정에 따라 한 단계를 완료하는 데 걸리는 시간(21만 개 블록 또는 4년)을 에포크^{epoch}라고 하는데, 에포크는 비트코인 통화정책이 중앙은행 회의실이나 화상회의의 논쟁 대상이 아니라 고정불변의 값으로 사전에 확정한 것임을 보여준다. 현재 비트코인은 네 번째 에포크 단계로 블록당 6.25BTC(현 시세로 20만 달러 이상)의 보상이 주어진다.

사토시는 비트코인의 마지막 블록에 대한 보상이 이뤄지는 2140년까지의 공급 일정을 이미 세밀하게 준비해놓은 것이다. 그가 왜 총 2,100만 개의 BTC 혹은 21만 블록 에포크를 공급하기로 정했는지는 수수께끼로 남아 있지만 그 구조를 이루는 수학적 정밀함은 많은 사람의 마음을 사로잡았다. BTC는 처음 존재하는 순간부터 희소성을 지니며 시간이 흐를수록 희소가치가 증폭하도록 고안되었기 때문이다.

인상적인 것은 네트워크에 참여하는 모든 사람이 사토시가 이

미 확정한 화폐 공급 규칙을 승인하고 이를 기반으로 비트코인 시스템을 공통 합의하고 있다는 점이다. 희소성과 그 희소성을 담보하는 규칙은 계속 이어지고 있을 뿐 아니라 고정불변의 원칙으로 확고하게 자리를 잡았다.

비트코인 프로토콜은 블록이 10분 간격으로 생성되도록 규정했으나 그 실제 간격은 채굴자가 각 BTC 복권에 당첨되는 데 걸리는 시간에 따라 몇 초일 수도 있고 몇 시간일 수도 있다. 블록이 평균 10분 간격으로 생성되도록 계산 문제 난이도를 2주마다 조정하는 알고리즘을 난이도 조정difficulty adjustment이라 하며, 사토시 나카모토가 고안한 이 알고리즘은 비트코인이 존재하는 전체 기간 동안 태엽 장치처럼 작동한다.

그 어떤 피어도 완전히 자동화한 '난이도 조정' 알고리즘을 통제하지 못한다. 난이도 조정 알고리즘은 비트코인이 진정으로 중립적일 수 있고 중앙집중화한 통제에 저항할 수 있게 해주는 핵심 요소 중 하나이므로, 비트코인 사용자와 소프트웨어 개발자들은 이를 손을 타서는 안 되는 신성한 규칙으로 간주한다. ASIC 같은 고성능 슈퍼컴퓨터를 사용하면 채굴자는 훨씬 많은 블록을 채굴할 수 있겠지만 머지않아 비트코인은 스스로 컴퓨터 처리 능력에 대항해 면역 능력을 향상해서 문제의 난이도를 높인다. 다시 말해 현재 버전 ASIC가 지닌 강력함은 점점 희석되어 사라질 것이다.

주기적인 채굴 난이도 상승은 비트코인의 보안 기제로 기능해 당대의 가장 빠른 컴퓨터를 동원해도 블록 채굴 보상을 쉽게 얻지 못하도록 방지할뿐더러 컴퓨터 칩 제조 혁신을 촉진한다. BTC의 공급 규칙은 누군가에게 매수당하거나 부당하게 조작되지 않고 화폐의 희소성을 확보하는 최상의 기준으로 새롭게 자리를 잡았다. 비트코인의 탁월하고 독창적인 규칙으로 진정 새로운 형태의 통화가 탄생했다. 극도의 정확성과 자유로운 소프트웨어 덕분에 사용자는 자신의 BTC 담보물이 얼마나 희소한지 언제든 정확히 측정할 수 있다.

전송과 수신

비트코인을 이해하기 위한 마지막 기술 요소는 키와 주소의 관계, 피어가 BTC를 보내고 받는 방법이다. '주소[address]'는 BTC를 받는 데 사용되며 개인 키라는 숫자로 생성된다. BTC의 소유는 곧 숫자를 소유하는 것과 같다. 개인 키는 256자의 이진법 문자열로 다음과 같은 모양이다.

110110100100011010110101010110011001001000011011001111110100
010101010110111011000110010010010111001001011001001010101100

010111000011101100111101011100101111111111011011111100110111010001110110101000010110010010110000111001110011100101100000001001111011011001 01

이 숫자는 지갑wallet이라는 스마트폰 앱 혹은 하드 지갑hard wallet 이라는 전용 메모리 장치에 저장할 수 있고 종이에 써놓을 수도 있다. 아니면 자신이 원하는 어떤 방법으로든 숫자를 저장하면 된다. BTC를 받는 주소는 개인 키로 생성하지만 SHA2 암호 기술 덕분에 주소를 이용해 개인 키를 추적하도록 역설계할 수는 없 다. 비트코인 주소는 다음과 같은 모양이다.

32bp4f8zjbA8Bzm3TiAq5jav3DsU4LPSQR

아주 간단하다. 개인 키로 전송하고 주소로 받는 구조다. BTC 를 채굴한 뒤에는 거래를 허락하거나 검열하는 중앙 라우터를 거 치지 않고 네트워크에서 바로 전송이 가능하다. 비트코인 소프트 웨어를 사용하는 네트워크 내의 모든 피어가 BTC를 전송하고 받 는 거래를 감시할 수 있지만 하나의 피어가 그런 활동이 일어나 지 못하도록 막을 수는 없다.

스마트폰 지갑을 사용하는 사람이 BTC 거래를 할 경우 비트코 인 소프트웨어 전체가 필요한 것은 아니다. 지갑을 이용하면 개인 키를 이용해 BTC를 자신이 직접 보관할 수 있지만 동시에 비트코인 노드를 사용하고 있지 않다면 BTC 거래를 위해서는 제3자 노드를 이용해야만 거래내역이 비트코인 네트워크에 전달된다.

새로운 화폐 단위

디지털 영역에서 비트코인의 소프트웨어는 자신을 화폐로 사용하는 시스템 내의 모든 거래를 정산하고 촉진하는 역할을 한다. 정산이라는 관점에서 보면 마치 중앙은행처럼 기능하는데 차이점이 있다면 중앙집중 방식이 아니라 비트코인 노드가 존재하는 모든 곳에 소프트웨어가 있다는 것뿐이다. 이처럼 비트코인 혁신으로 그 누구의 통제도 받지 않는 전혀 새로운 화폐 단위와 결제 인프라가 만들어졌다.

2009년에 이르러서는 온라인 신용카드 결제, 페이팔Paypal부터 스마트폰 앱을 이용한 은행 송금에 이르기까지 디지털 결제를 광범위하게 사용하기 시작했다. 하지만 비트코인이 출현하기 전까지는 누구도 중앙기관을 거치지 않고 첫 번째-계층 단위에서 현금과 최종 결제를 흉내 낼 방법을 알지 못했다. 자연발생적인 인터넷 기반의 여러 화폐와 결제 시스템, 디지털 금 같은 모든 요소가 하나로 합쳐지면서 비트코인은 탄생 초기부터 관심의 대상이었다. 약 3,000년 전 인류가 금화를 처음 주조한 이후 비트코인은 가장 획기적인 발전으로 희귀하고, 수학적 확실성을 제공하고, 모두에게 개방되어 사용이 자유로우며, 탐욕으로부터 자유로운 특성을 지니고 있다.

전 세계 정책입안자는 이 같은 새로운 화폐 출현의 의미에 관심을 기울여야 한다. 특히 표현의 자유를 보호한다는 자부심이 큰 미국은 새로운 화폐에도 같은 입장을 취해야 한다. 비트코인은 표현의 한 형태다. 사람들이 자유롭게 이메일을 보내는 것과 마찬가지로 BTC 거래 전송을 위한 메시지도 자유롭게 보낼 수 있어야 한다.

비트코인은 숫자로 이뤄진 소프트웨어이므로 비트코인 사용을 금지하거나 제한하려는 정부의 시도는 수학 자체를 금지하고 제한하는 행위와 같다. 미국의 사법 체제는 이미 암호 사용이 디지털 시대에 표현의 자유를 보호하기 위한 필수 요건이라고 판례로 인정하고 있다. 시민의 언론 자유에 자부심을 느끼는 전 세계 모든 국가는 이 개념을 동일하게 적용해야 한다. 1999년 미 제9항소법원의 판례 '번스타인 대 미국'은 암호가 수학과 마찬가지로 과학 개념의 표현 방식임을 확인하는 다음과 같은 판결을 내린 바 있다.

'암호 사용자는 소스코드를 사용해 마치 수학자가 등식을 사용하거나 경제학자가 그래프를 사용하는 것과 같이 과학 개념을 표현한다. 물론 수학자의 등식과 그래프는 기타 분야에서도 다른 여러 목적으로 사용하며 모든 경우 표현력을 지니는 것은 아니다. 하지만 수학자와 경제학자는 복잡한 과학적 개념을 정확하고 철저하게 표현하기 위해 이러한 표현 모델을 채택했다. 마찬가지로 반박의 여지가 없는 이 기록은 암호 사용자가 소스코드를 유사한 방식으로 사용함을 분명히 보여준다. 이상을 고려할 때 암호 소프트웨어의 소스코드 형태와 암호 분야 종사자의 사용 방식이 수정헌법 제1조의 목적을 따르는 것으로 판단한다.'

비트코인으로 커피 구매하기

비트코인 거래 정산 절차는 일관적이지만 한편으로는 매우 불규칙하다. BTC로 물건을 구매하는 경우를 생각해보자.

한 여성이 커피 한 잔을 사러 카페에 들어간다. 카페에서는 결제 수단으로 BTC를 허용하며 커피값은 15,000사토시(0.00015BTC 혹은 약 5달러)다. 이 여성은 스마트폰의 비트코인 지갑으로 지불하려 하지만 비트코인 채굴자가 블록을 채굴하기 전까지는 거래할수가 없다. 이때 커피를 사기 위해 카페에서 10분을 기다려야 할까? 채굴은 무작위적 과정이므로 운 나쁘게도 만일 채굴에 한 시간 이상이 걸린다면 어떻게 될까?

카페는 두 가지 옵션을 고려할 수 있다. 하나는 비트코인 채굴이 확정되지 않은 상태지만 그냥 거래를 수락하는 것이다. 이 경우 다음 블록을 채굴하기 전까지는 자신이 돈을 받을 수 있을지 확신할 수 없다(비트코인의 공유원장에 커피와 관련된 거래가 업데이트되지 않은 상태이므로). 다른 옵션은 카페에서 커피를 건네기 전에 거래를 비트코인 블록체인에 추가했다고 주장하는 것이다. 이것은 사실상 비현실적인 주장으로, 비트코인은 상거래 교환 수단으로 사용하기에 너무 느리다는 비판으로 이어진다. 이 비판이 비트코인의 무용성을 주장하는 진영의 주요 공격 논리지만 이는 전적으로 잘못된 정보로 비트코인 구조를 제대로 이해하지 못한 데서 비롯된 것이다. 많은 사람이 놓치는 부분인데, 비트코인은 즉각적인 결제가 필요한 일상의 상거래에서 사용하려고 고안된 것이 아니다. 비트코인 거래는 전체 글로벌 네트워크상의 모든 피어가 비트코인 원장의 기재 내용을 영구 승인하는 시스템을 유지하는 것을 주요 목적으로 고안되었다. 그럼에도 몇 년 뒤 비트코인은 라이트닝 네트워크Lightning Network가 출현하면서 느린 네트워크라는 오명을 떨쳐냈는데 관련 내용은 8장에서 다룬다.

비트코인이 커피 구매용이 아니라면 어디에 사용할 수 있을까? 비트코인은 중립적이고 거래상대방 위험이 없는 방식으로 상당 기간 돈을 보관하려는 사람들이 유용하게 쓰고 있다. 그럼 비트코인 기술로 가장 크게 혜택을 받는 사례를 살펴보자.

가령 재능 있는 어느 그래픽 디자이너가 나이지리아 농촌 지역에 거주한다면 어떨까? 만일 그녀가 온라인 프리랜서 일을 찾는다면 가족을 부양할 돈을 벌 수 있을 것이다. 과연 그녀는 기존의 송금과 결제 방식으로 돈을 받을 수 있을까?

나이지리아는 인구의 60% 이상이 은행계좌가 없기 때문에 은행 이용이 곤란하다. 국제택배로 현금을 받자니 중간에 분실하거나 도난당할 위험이 있다. 이때 비트코인은 사실상 최고의 옵션이다. 스마트폰 지갑을 사용해 비트코인 주소를 직접 만들고 취리히 고객에게 주소를 전송해 돈을 받을 수 있기 때문이다. 이 여성은 결제대금을 받기까지 10분이 걸려도 개의치 않을 것이다. 비트코인이 없으면 돈을 벌 방법이 없으니 말이다. 이런 예는 비트코인 기술을 얼마나 유용하게 쓸 수 있는지 보여준다.

미국과 유럽에서는 주로 투기 목적으로 BTC를 구입하는데 이것이 시장가치 향상에 기여해 전 세계적으로 BTC를 도입하는 데 일조할 수는 있겠다. 반면에 라틴아메리카, 아프리카, 중동같이 현지 통화가 불안정하고 은행을 신뢰할 수 없는 경우라면 BTC같이 중립적인 디지털 화폐가 반드시 필요하다.

사토시의 의도

    사토시 나카모토가 비트코인으로 이루려 한 것은 정확히 무엇일까? 여기에 답하려면 비트코인 네트워크 초창기에 집필한 그의 저작물과 서신을 자세히 살펴봐야 한다. 그는 금융제도뿐 아니라 정부와 중앙은행이 계속해서 가치를 절하하는 화폐의 대안을 제공하려 했고 그 의도는 초창기 이메일과 포럼 게시물에 잘 드러난다. 2009년 1월 3일 사토시가 최초의 비트코인을 채굴한 뒤 블록 원장에 새겨 넣은 문구는 이러하다.

비트코인 제네시스 블록과 2009년 1월 3일 〈런던 타임스〉 1면

출처: Steemit.com, Phuzion7 님의 글.
    https://steemit.com/coinkorea/@phuzion7/bitcoin-genesis-block-satoshi-s-message

'2차 은행 구제금융을 바로 앞둔 2009. 01. 03. 현재의 재무장
관(The times 03/Jan/2009 Chancellor on brink of second bailout for
banks)'

사토시는 당시 지속되던 금융위기를 다룬 영국 매체의 헤드라
인을 영원히 보존되는 원장의 기록에 포함했다. 이 암호 메시지
를 삽입함으로써 그는 자신의 화폐와 거래 시스템이 구제금융에
취약한 국제 은행 시스템을 대체할 대안 시스템으로 진화해갈 것
이라는 예상을 기록으로 남긴 것이다.

비트코인이 작동한 지 몇 주 후 사토시는 이 프로젝트의 동기
를 보다 자세히 설명했는데, 이를 보면 그가 신용화폐 시스템의
불안정성과 화폐 피라미드 하단에 작용하는 부분준비금 제도의
문제점을 분명히 인식하고 있었음을 알 수 있다.

'전통 화폐제도의 근본 문제는 이 통화가 작동하는 데 필요한
신뢰에 있다. 통화 가치를 떨어뜨리지 않으려면 중앙은행을 신
뢰해야 하지만 법정통화의 역사는 온통 신뢰의 파기로 얼룩져
있다. 우리가 돈을 보유하고 전자 방식으로 이체하려면 은행을
신뢰해야 하지만 은행은 신용버블이 커질 때 우리 자금으로 대
출을 실행하며 극히 일부분만 준비금을 확보하고 있다.'

사토시 나카모토는 단순한 결제 네트워크뿐 아니라 화폐 단위로 존재하는 BTC를 꿈꿨다. 그는 첫 번째-계층 화폐가 무엇인지와 무관하게 중앙은행이 두 번째-계층에서 발행하는 화폐를 '법정화폐fiat currency'라고 불렀다. 여기서 'fiat'는 라틴어로 법령에 따른다는 것을 의미한다.

사토시의 법정화폐 비판은 부분준비금 제도에 기반한 계층 구조의 화폐 시스템이 지닌 숙명과도 같은 불안정성을 인지하고 있음을 보여준다. 돌이켜보면 현재의 화폐제도를 향한 사토시의 비판적 입장이야말로 비트코인을 만든 가장 중요한 동기로 보인다. 그는 중앙은행의 재무상태표에서 비롯되지 않는 새로운 첫 번째-계층 화폐를 세상에 제공하려 했던 것 같다.

계층 비트코인의 비전

사토시 나카모토 이후 비트코인 소프트웨어를 처음 지지한 사람은 암호학자 할 피니Hal Finney다. 피니는 애덤 백 이론을 토대로 비트코인을 만들어 시스템을 구축하기 이전에 사토시 나카모토가 소프트웨어 설계에 사용한 재사용 가능 작업증명 시스템을 설계해 작업증명의 응용 프로그램을 발전시켰다. 피니는 비트코인 사용자가 되기 이전에 이미 비트코인 발전에 기여한 셈이다.

그는 비트코인 초기 사토시의 가장 열광적인 추종자였다. 첫 비트코인을 만들고 9일이 지난 2009년 1월 12일 피니는 사토시가 보낸 10BTC를 받아 사상 첫 비트코인 거래의 수령자가 되었다. 당시 BTC는 가격도 없었고 딱히 언급할 만한 시장가치도 없는 상태였다. 2010년 피니는 BTC가 계층 화폐로서 어떻게 발전할지에 관한 흥미로운 설명을 내놨는데 그야말로 시대를 앞서가는 혜안이라 할 수 있다. 아래에 인용한 그의 설명은 마치 이 책을 위해 맞춤형으로 작성한 것처럼 느껴질 정도다.

'사실 자신의 디지털 현금 통화를 발행하고 이를 비트코인으로 교환해주는 비트코인 기반의 은행을 세울 만한 충분한 이유가 있다. 비트코인은 그 자체로 세계의 모든 금융거래를 모든 사람에게 중계해주는 동시에 블록체인에 기록이 남도록 하는 역할을 감당할 수는 없다. 보다 가볍고 효율적으로 활용할 수 있는 두 번째 단계의 지불 결제 시스템이 필요하다. 더구나 비트코인 거래 완료에 드는 시간을 고려하면 중대형 가치의 물건이나 거래를 위한 수단으로 활용하는 것은 전혀 실용적이지 않다.

이 문제는 비트코인 은행으로 해결할 수 있다. 비트코인 은행은 화폐를 국유화하기 이전에 은행들이 수행한 것과 비슷한 방식으로 기능한다. 은행 각자가 서로 다른 정책과 전략에 따라 어떤 은행은 보다 공격적으로, 또 어떤 은행은 보다 보수적으로 운영될 것이다. 부분준비금 제도에 기초해 운영되는 은행도 있고 100% 비트코인으로 뒷받침되는 한도 내에서만 대출을 하는 은행도 있을 것이다. 이자율도 서로 다르며 어떤 은행의 현금 통화는 다른 은행보다 할인해서 거래될 수도 있다. 자체 현금 통화를 발행하는 은행의 지급준비금으로 기능하는 본위화폐가 비트코인의 종국적인 운명이라고 나는 믿는다.

피니의 주장을 계층 화폐 맥락에서 요약하면 BTC는 유통 속도가 더딘 첫 번째-계층 화폐다. 10분 간격으로 겨우 몇천 건만 거래가 이뤄진다. 비교를 위해 말하자면 주요 신용카드 회사는 수천 건의 거래를 초 단위로 처리한다.

BTC의 유통 속도를 높이려면 은행이 BTC를 첫 번째-계층의 본위자산으로 삼아 생성 시간이 불규칙한 블록체인의 한계를 뛰어넘어 신속하게 거래할 수 있는 두 번째-계층의 예금증서를 발행해야 한다. 두 번째-계층 BTC는 상거래와 경제활동이 단절되지 않고 원활히 이뤄지도록 기능할 것이다. 부분지급 제도에 기초해 부채를 발행하는 기관도 존재할 것이고 시장에서는 여러 종류의 두 번째-계층 BTC 각각에 적절한 이자율을 부과하는 방식으로 가격을 매길 것이다. 피니는 시대를 앞선 선각자의 안목을 지녔던 사람으로 언젠가 그의 예상이 선견지명의 혜안이었음이 증명되리라고 본다.

비트코인은 돈을 재정의해 현재 시스템과는 완전히 구분되는 새로운 통화 피라미드의 최정점 지위를 차지했다. 할 피니는 2014년 세상을 떠났지만 세계 기축통화로서 비트코인이 지닌 잠재력을 내다본 그의 초창기 선견지명은 영원히 기억될 것이다.

8장

비트코인의 계층 구조

"유행할 때를 대비해 조금 가지고 있는 것도 괜찮다.
많은 사람이 이런 식으로 생각한다면 예상이 저절로 실현되는 날이 올 것이다."
—사토시 나카모토, 2009년 1월 16일

첫 번째-계층에 위치할 수 있는 특성과 자격을 갖춘 화폐는 자기 자신을 정점으로 하는 통화 피라미드를 만들어낼 수 있으며 이는 비트코인도 예외가 아니다. 비트코인 피라미드는 과거 금을 기반으로 한 피라미드를 떠올리게 하지만 BTC가 단순히 비교와 은유만으로 첫 번째-계층 화폐 지위를 획득한 것은 아니다.

사토시는 귀금속을 모방해 디지털 자산을 만들고 이 자산에 대한 수요를 창출했다. 비트코인의 시장가치가 기하급수적으로 증가하면서 할 피니 같은 초창기 지지자의 이론은 더욱 설득력을 얻었다. 금 통화 피라미드 하에서 두 번째-계층 화폐가 출현한 것과 같은 이유와 목적으로 두 번째-계층 BTC가 출현한 것이다.

과거에 금 태환 요구권이 지속되길 원한 것처럼 이제 사람들은 BTC 교환 청구권을 보유하려 한다. 이 책의 1~5장에서 설명한 과거 금 기반의 국제 통화 시스템이 발전한 것과 동일한 경로와 방식으로 디지털 자산 세계에서는 BTC를 기반으로 한 화폐 시스템이 발전한다. BTC는 금처럼 거래상대방 위험이 없는 중립화폐로, 사람들은 이를 최종 결제 화폐의 한 형태로 받아들인다.

이번 장에서는 BTC 중심의 화폐 시스템을 다루면서 BTC가 디지털 자산의 전 영역에 걸쳐 어떻게 지배적인 영향력을 행사하는지 살펴본다.

실물 보유

첫 번째-계층 화폐만 고집하는 사람들은 금 보관증이나 금으로 지급할 것을 약속하는 증서 같은 두 번째-계층 화폐 대신 실물 형태 귀금속을 보유하려 한다. 그들은 첫 번째와 두 번째-계층 화폐의 차이를 분명히 인식하는 사람들로 금 대체물 대신 금화나 금괴를 실물로 소유한다. 이는 결국 신뢰의 문제로 이들은 거래상대방 위험이 없는 실물만 신뢰하는 것이다.

금과 마찬가지로 비트코인도 국제적 중립성을 지니며 생존을 위해 특정한 사람, 기업, 국가에 의존하지 않는다. 오히려 비트코인은 금에는 없는 몇 가지 이점을 갖추고 있다. 우선 언제 어디서든 컴퓨터에 존재하므로 중무장한 트럭, 선박, 항공기로 전 세계 이곳저곳으로 운송할 필요가 없다. 또한 값비싼 장비를 동원해 순도를 검사할 필요도 없다. 그저 비트코인 노드만 있으면 된다.

비트코인 피라미드는 BTC 실물 소유권을 기반으로 구축되며 BTC를 실물로 보유하는 것은 비트코인 개인 키 관리로 시작된다. 금을 실물로 보관하기 위해 금고와 보안 기술에 크게 의존하는 것처럼 비트코인의 개인 키에도 손실과 도난 방지를 위한 정밀한 보안 체제가 필요하다. BTC를 오프라인 공간에 안전하게 보관하는 것을 콜드 스토리지cold storage라고 하는데 이는 개인 키를 생성해 온라인 지갑 핫 월릿hot wallet에 저장하는 것과 대비되는 개념과 용어로 쓰인다(핫 월릿은 인터넷 지갑으로 온라인에서 거래를 주고받을 수 있는 상태를 말한다. 실시간으로 언제든 빠르게 거래 정보를 주고받으므로 지갑 앞에 '핫'이라는 수식어를 붙인다. 반면 콜드 월릿cold wallet은 인터넷을 차단한 지갑으로 온라인에 연결되지 않고 오프라인 상태에서 보관한다. 이를 거래하려면 별도의 절차를 거쳐야 하며 보통 때는 냉동 상태와 같으므로 '콜드'라는 수식어가 붙는다. 이처럼 콜드 월릿에 오프라인 상태로 보관하는 것을 콜드 스토리지라고 한다.-역주).

콜드 스토리지는 급속히 발전하고 있는 산업이다. 세계 최대

금융기관 중 하나로 운용자산이 3조 달러가 넘는 피델리티 인베스트먼트Fidelity Investments는 2018년 피델리티 디지털 애셋Fidelity Digital Assets이라는 스토리지 자회사를 설립해 대형 고객을 대상으로 BTC를 보관해주는 서비스를 제공하고 있다. 비트코인은 통화학과 암호학만 융합하는 게 아니라 금융과 응용암호 산업도 융합하고 있다.

유념해야 할 것은 BTC 보관을 대행하는 대규모 사업자들이 등장하면서 이 서비스를 이용하는 고객은 첫 번째-계층 BTC를 실제로는 소유할 수 없다는 점이다. 비트코인 개인 키는 고객 자신이 아니라 보관대행업자가 갖고 있으므로 고객이 소유하는 것은 두 번째-계층의 BTC뿐이다. 비트코인 커뮤니티에서 회자되듯 '키가 없으면 코인도 없는 것'이다.

물론 보관대행업자는 자신이 사업을 운영하는 지역을 관할하는 국가의 제반 규정을 준수해야 한다. 비트코인을 새로운 화폐 기술로 인정하고 우호적으로 대하는 국가도 있지만 전 세계 모든 국가가 우호적인 것은 아니다. 특히 국가의 독점적 발권력을 위협할 수 있는 비트코인의 잠재력을 고려하면 더욱 우려스럽다.

BTC/USD

현재 다양한 종류의 BTC 기반 화폐류가 존재한다. 일부는 예금같이 오늘날의 전통 금융 시스템 방식을 충실히 따른 것이지만 일부는 비트코인의 독창적인 방식 덕분에 가능해진 것도 있다. 두 번째-계층 BTC 화폐류의 가장 대표적인 사례는 온라인 BTC/USD 거래소로〈그림 14〉와 같이 설명할 수 있다.

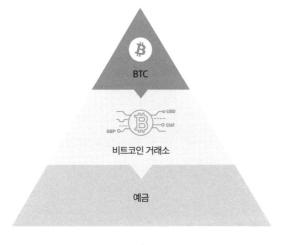

〈그림 14〉

2010년 BTC와 미 달러화 거래를 촉진하기 위해 최초로 비트코인 거래소가 설립되었다. 이 거래소를 통해 비트코인의 중요한 점이 드러났는데 바로 BTC와 미 달러 간 거래를 원하는 사람들

사이에 활발한 시장이 조성되어 있다는 점이다.

비트코인은 화폐로 고안되었으며 만들어진 지 1년도 채 지나지 않아 이미 애초의 의도대로 쓰이기 시작했다. 비트코인을 향한 일반적인 비판은 대다수 기업이 BTC를 결제 수단으로 허용하지 않아 상품이나 서비스를 구매하는 데 사용할 수 없다는 것이다. 이 비판은 한 가지 중요한 사항을 놓치고 있는데 그것은 BTC는 모든 상품 중에서 가장 중요한 상품, 즉 '돈'을 살 수 있다는 사실이다. 오늘날 BTC 소유자는 거래소에서 미 달러화, 유로화, 기타 주요 통화를 매입할 수 있다.

2010년 BTC와 달러 간 환율이 정해지면서 BTC의 유동성이 개선되었고 새로운 형태의 대안화폐라는 인식이 높아졌다. 최초의 두 번째-계층 BTC는 비트코인 거래소 고객들의 잔고였다. 이 잔고는 BTC로 인출할 수 있는 청구권을 의미하며 개인 키 자체에 대한 소유권은 아니다.

일부 거래소는 BTC를 자유롭게 인출할 수 있을 뿐 아니라 부분준비금 방식이 아닌 전액준비금 방식으로 모든 잔고를 뒷받침할 수 있는 실물 BTC를 보유해 좋은 평판을 쌓았다. 반면 어떤 거래소는 사이버 공격, 도난, 부분준비금 방식 등의 원인으로 고객의 BTC 인출 요구에 응하지 못하고 부도를 냈다. 지난 수백 년 동안 은행들이 반복해서 고객 예금에 부도를 낸 것과 마찬가지 상황이다. 초기의 시행착오에도 불구하고 비트코인 거래소에 대한 신뢰는 계속 유지되어 비트코인 통화 시스템 구축에 굳건한 초석 역할을 했다.

합법성

비트코인이 새로운 글로벌 통화로서 합법성을 얻기까지는 불과 5년밖에 걸리지 않았다. 물론 비트코인은 기존 체제를 뒤흔들 만한 파괴력이 있어 정부나 금융업계에서 환영받지 못했지만 주류 담론에 편입하기에 충분한 시장가치, 벤처캐피털의 관심, 법적 지위를 확보했다.

2014년부터 비트코인은 지정학적 힘을 얻어왔다. 무엇보다 네트워크가 번성하면서 자본, 연구, 투자가 집중되어 더 많은 시장가치를 획득했다. 비트코인이 위조 불가능한 디지털 화폐로 세계에서 통용되자 기업인들은 비트코인 관련 인프라와 산업을 구축하기 시작했다. 비트코인의 초기 역사에서 발생한 일련의 사건은 비트코인이 거스를 수 없는 진화의 자연법칙에 따라 화폐 세계의 든든한 기둥으로 자리 잡아가는 과정을 잘 보여준다.

탄생 첫해 비트코인은 전혀 가치를 인정받지 못했다. 가격 자체가 없는 상황이었지만 이 프로젝트를 신뢰하고 전력, 계산 능력, 노력을 투자해 손에 넣을 가치가 있다고 생각하는 사람들도 있었다. 이것만으로도 BTC는 돈으로 인정받기에 충분했다.

돈이란 투여한 노동을 저장하는 하나의 수단이므로 작업증명과 비트코인 채굴은 노동의 한 형태로 간주할 수 있다. 가장 널리 알려진 초창기의 비트코인을 사용한 실제 거래는 2010년 5월에 있었다. 한 비트코인 소프트웨어 개발자가 25달러짜리 파파존스 피자를 주문하면서 10,000BTC를 지불했는데 이를 환산하면 1달러당 BTC 가격은 0.0025달러다. 이 거래를 기준으로 할 경우 당시 BTC의 총 시장가치는 약 7,000달러였다.[15]

2011년 2월 10일 IT 블로그 '슬래시닷Slashdot'은 '온라인 전용 화폐 비트코인이 달러와 등가를 이루다'라는 제목의 기사를 게재했다. 슬래시닷은 소프트웨어 엔지니어들 사이에 인기 있는 매체였으므로 비트코인 초창기에 입문한 많은 사람이 이 기사를 보고 비트코인을 처음 알게 되었다고 회상한다.

인터넷에서 처음 알려지고 2년째에 접어들면서 비트코인은 본격적으로 인기와 관심을 얻기 시작했다. 점점 더 많은 커뮤니티 사용자가 점차 새로운 통화의 가능성을 믿었으며 미리 정해놓은 BTC 공급 일정을 지켜야 한다고 생각했다. 사토시는 비트코인

---

15 BTC의 총 시장가치 = BTC/USD 가격 × 현재 BTC 공급량

네트워크 발전과 활성화를 위해 충분한 개발자와 지지자를 확보했다고 판단하자 이별을 알리고 사라졌다. 이 책을 집필하는 현재 기준으로 사토시가 비트코인 첫해에 채굴한 약 100만 BTC는 여전히 거래되지 않은 상태로 남아 있다.

2011년 6월 기준 BTC의 총 시장가치는 1억 달러를 넘어섰고 비슷한 시기에 웹사이트 '고커Gawker'는 '상상 가능한 어떤 마약이든 살 수 있는 지하세계 웹사이트'라는 제목의 기사를 실었다. 온라인 암시장 '실크로드Silk Road'는 인터넷에서 주로 불법 약물을 매매하는 곳으로 유명한데, 새로운 온라인 화폐로서 중앙의 통제를 받지 않고 분산된 방식으로 거래하는 BTC는 아직 당국의 감시망에 포착되지 않은 상태여서 실크로드 이용자에게 완벽한 화폐였다.

비트코인은 의심스러운 거래를 신고할 은행도, 우편이나 대면 방식으로 현금을 보낼 필요도, 거래를 추적하기 위해 비트코인 원장을 감시할 법 집행당국도 없었다. 아무도 지켜보지 않았기에 비트코인 거래는 익명성을 보장받았다. 고커는 기사에서 온라인 암시장에 참여하려면 먼저 비트코인 거래소에서 BTC를 구입해야 한다고 설명했다.

'실크로드는 추적 가능한 신용카드, 페이팔, 기타 결제수단은 허용하지 않는다. 여기서 사용할 수 있는 돈은 오직 비트코인

뿐이다.'

결국 연방수사국^{FBI}이 수사에 나섰고 실크로드는 폐쇄되었다. 수사 도중 BTC를 압류한 FBI는 디지털 시대의 새로운 화폐라는 현실과 마주했다. 이때부터 전 세계 법 집행기관은 범죄자를 체포하기 위해 비트코인 원장을 감시하면서 의심스러운 활동을 추적했고 비트코인 거래내역을 인터넷 위치 데이터와 연결했다. 이제 비트코인은 더 이상 범죄 활동에 적합한 화폐가 아니었고 오히려 범죄 행위와 멀어졌다. 이처럼 비트코인이 범죄와 분리되면서 비트코인의 합법성은 크게 높아졌다.

2012년 11월 28일, 21만 번째 블록 채굴과 함께 비트코인의 첫 번째 반감기가 시작되었고 블록 채굴에 따른 보상이 50BTC에서 25BTC로 '반감'되었다. 블록체인 관점에서 이는 어떤 소란도, 드라마틱한 사건도 없이 무사히 통과한 것일 뿐이지만 화폐 관점에서는 가장 중요한 순간을 넘어선 것이었다. 사토시는 비트코인 소프트웨어 코드의 첫 번째 운용 버전을 만들면서 향후 100년 동안 지속할 통화정책의 윤곽을 미리 정해놓았다.

이처럼 비트코인 네크워크는 탄생한 지 4년 만에 극적인 사건도, 탐욕에 휘둘리거나 구성원들이 저항하는 일도 없이 최초의 반감기 공급 조정을 통과했다. 정해진 공급 일정, 각 에포크 이후 공급 반감, 최대 공급량인 총 2,100만 BTC라는 모든 규칙은 준수해야 하는 네트워크 규칙으로 인식되었고 전혀 의문시되지 않았다.

사토시는 인간의 능력으로 비트코인 공급 알고리즘이 바뀌지 않는 비재량적 통화정책을 발명한 것이다. '경외할 만한 통화정책 혁신에 대한 일치된 합의'라는 비트코인의 장점이 사회적으로 인식되면서 비트코인 투자 열기는 더욱 확산되었다. 마침내 사람들이 비트코인을 공급 확대나 가치 절하가 일어나지 않는 화폐인 디지털 금으로 인식하게 된 것이다.

2013년 BTC의 가격이 폭등해 1,000달러 선을 넘어섰고 네트워크의 총 시장가치는 100억 달러에 이르렀다. 〈파이낸셜 타임스〉, 〈월스트리트 저널〉, 〈블룸버그〉는 비트코인을 다룬 기사를 게재하기 시작했으며 암호화폐 산업이 점점 틀을 갖춰가는 가운데 비트코인 브랜드에 관심이 높아졌다. 정부 관계자들은 분산형 암호화폐 개념을 과소평가했으나 화폐 발행을 독점하는 중앙기구가 존재하지 않는 비트코인 구조는 화폐를 국가와 분리하자는 논의에 불을 붙였다.

미국 정부가 비트코인에 공식적인 관심을 보인 것은 2014년으로, 이는 비트코인이 과거 '실크로드'가 남긴 오점을 지우고 합법성 획득을 향해 더욱 전진하는 계기가 되었다. 미 국세청IRS은

BTC 소유권을 재산으로 취급했으며 미 달러화 기준으로 실현한 이익을 자본이득세 과세 대상이라고 판단했다. 미국 정부가 BTC 소유는 부동산이나 금을 실물로 보유하는 것처럼 오해의 소지가 전혀 없는 확실한 재산의 한 형태임을 인정한 것이다.

아울러 미국 상품선물위원회는 비트코인을 화폐가 아닌 상품으로 규정했다. 자체 조사에서 BTC를 금과 비교한 그들은 비트코인 소유권은 소프트웨어상 개인 키에 의존하므로 수치 상품 numerical commodity을 소유하는 것이라는 결론을 내렸다. 이처럼 비트코인은 그 독창성 때문에 전통적 맥락에서 정의하기가 어려움에도 불구하고 자체 자산군으로 변형되기 시작했다.

2014년 들어 미국 정부는 화폐혁명이 일어나고 있음을 충분히 인식했다. 비트코인은 통치가 불안정하고 재산권을 보호받지 못하는 국가에서 국경에 구애받지 않고 압류 걱정이 없는 화폐를 원하는 사람들에게 환영받았다. 연준이 통화 관리기구로서 신뢰를 상실하자 달러화 사용자들도 비트코인에 관심을 보였다. 비트코인을 갈망하는 수요는 전 세계 곳곳에 존재했다. 2017년 비트코인은 총 시장가치가 1,000억 달러를 돌파하면서 가격이 극적으로 급등했다. 이제 비트코인의 기하급수적 성장은 누구도 부인할 수 없는 추세다.

튤립

암스테르담은행 설립 후 수십 년이 흐른 17세기에 네덜란드의 튤립 구근시장에서는 투기적인 가격 거품이 형성되었다. 네덜란드에서 아름다운 사치품인 튤립은 모든 사람이 소유하길 열망하는 물건으로 대유행한 것이다. 모든 투기적 거품이 그러하듯 튤립 구근 가격도 치솟았다가 이내 폭락했다.

역사적으로 단어 '버블bubble'은 이해할 수 없는 수준까지 상승한 자산 가격이 파괴적인 하락으로 끝맺는 상황을 설명하는 데 쓰였다. 많은 사람이 '버블'을 비트코인과 연관지으려 애썼지만 그 노력은 모두 수포로 돌아갔다.

BTC 가격이 형성된 이래 폭발적인 증가세가 이어지면서 네덜란드의 튤립에 비유되고 버블이라는 비판이 끊이지 않았지만 BTC는 80%라는 무시무시한 가격 하락에서 세 번이나 완벽하게 회복했다. 달러당 BTC 가격은 변동성이 매우 크며 다른 자산군에서 일반적으로 일어나는 가격 변동폭을 뛰어넘는다. 하지만 그 변동성이 자산의 질이나 우수성을 반영하는 것은 아니다. 만일 비트코인이 청년기 통화 네트워크에서 진정한 국제 통화 시스템의 근간으로 성장한다면 그 과정에서 일어나는 등락은 무시무시한 롤러코스터의 모습일 것이다. BTC의 시장가치가 전 세계 모

든 금의 시장가치와 같다면 달러당 BTC 가격은 약 50만 달러에 이르리라고 본다.[16]

1달러 미만에서 50만 달러까지 가는 여정에는 가격이 급격히 위아래로 움직이는 광란의 가격변동이 따를 수밖에 없다. 이 흔들림은 비트코인이 성숙기로 가기 위한 불가피한 과정이며 이는 달러화 기준 BTC 가격이 안정되기를 기다리는 사람과 비트코인을 초기부터 사용해온 사람들을 구분 지을 것이다. 아무리 가격 변동성이 심하더라도 BTC가 가치 저장 수단으로서, 또한 노후화한 모델에 기초한 기존 화폐의 대안으로서 성장하는 추세는 막지 못할 것이다.

실제로 비트코인은 네덜란드의 튤립 열풍과 전혀 닮지 않았다. 10년 동안 세 번이나 가라앉아도 완전히 붕괴하지 않고 회복될 때마다 더 강한 상승세를 보이는 버블이란 존재하지 않는다. 투자 대중은 마침내 이 사실에 눈을 뜨고 있다.

2020년에는 현 세대의 전설적인 헤지펀드 투자자로 추앙받는 폴 튜더 존스와 스탠리 드러켄밀러가 BTC를 보유하고 있음을 인

---

16 금의 총 시장가치를 10조 달러로 가정하고 약 2,000만 BTC(2025년 예상 공급량)가 존재한다고 가정할 때의 수치다.

정했다. 얼라이언스 번스타인, 블랙록, 피델리티 인베스트먼트 같은 투자 운용업계의 주요 기업도 고객에게 국가 발행 화폐의 평가절하나 실패를 헤지하는 수단으로 BTC를 포트폴리오에 편입할 것을 공개 추천했다. 세계 최대 온라인 결제 처리업체 페이팔은 전 세계 고객 3억 명에게 자체 플랫폼에서 BTC를 구입할 수 있는 서비스를 제공한다.

투자업계가 보기에 BTC를 미래의 화폐로 인정하지 않는 것은 마치 1999년에 인터넷을 미래 상거래 공간으로 인정하지 않는 행위와 다름없는 것이다. 21세기 들어 인터넷 관련 주식에 투기적 가격 버블이 형성되긴 했지만 오늘날 세계 최대 상장사인 마이크로소프트, 애플, 아마존, 구글의 모기업 알파벳, 페이스북은 인터넷 덕분에 수조 달러의 시가총액을 자랑한다.

폭발적인 관심이 쏟아지면서 2021년 초 달러당 BTC 가격은 사상 최고가를 기록했으며 총 시장가치는 6,000억 달러를 넘어섰다. 한때 취미 대상이자 소프트웨어에 딸린 디지털 토큰으로 가치가 1페니에도 미치지 못했던 BTC는 불과 10년 만에 3만 4,000달러의 상품으로 변모했다. 25달러짜리 파파존스 피자 거래는 비트코인 12주년인 2021년 1월 3일 기준으로 그 가치가 3억 4,000만 달러에 이른다. 〈그림 15〉는 2010년 이후 BTC 총 시장가치의 폭발적인 성장세를 보여준다.

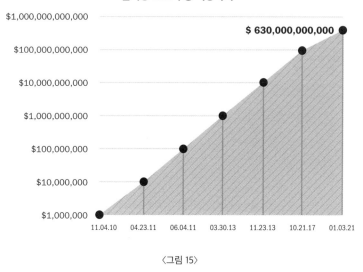

달러당 BTC의 총 시장가치

$1,000,000,000,000
$100,000,000,000   **$ 630,000,000,000**
$10,000,000,000
$1,000,000,000
$100,000,000
$10,000,000
$1,000,000

11.04.10 04.23.11 06.04.11 03.30.13 11.23.13 10.21.17 01.03.21

〈그림 15〉

라이트닝 네트워크

　라이트닝 네트워크Lightning Network는 비트코인이 실물 금같이 속도가 느린 상품에서 광속으로 움직이는 통화로 변신하는 것을 담보해줄 기술적인 개선책이다. 라이트닝 네트워크의 핵심은 바로 스마트 계약smart contract이다. 스마트 계약은 계약 당사자가 사전에 협의한 내용을 미리 프로그래밍해 전자계약서 안에 넣어두고, 이 계약 조건이 모두 충족되면 계약 내용을 자동 실행하게 하는 시스템이다.

이것이 비트코인에서 중요한 이유는 비트코인 거래소에 예치된 고객의 예탁금escrow과 다자간 협력이 가능케 하기 때문이다. 라이트닝 네트워크의 스마트 계약, 즉 해시 타임록 계약Hashed TimeLock Contracts, HTLC은 비트코인을 초당 수백만 건의 계약을 처리하는 통화 네트워크로 발전시켰다. 그럼 라이트닝 네트워크가 발전한 과정을 살펴보자.

비트코인 네트워크가 출범하고 처음 몇 년 동안은 비트코인 열성 지지자로 이뤄진 소집단 대표들이 직접 아이디어를 개진하고 프로젝트를 발전시켰다. 이들은 날개를 펴지도 못하고 실패로 끝날 수도 있었던 비트코인 네트워크의 심각한 취약 요소를 고치고 바로잡았다. 이 소프트웨어 엔지니어와 암호학자들은 비트코인 기술을 깊이 신뢰했고 BTC를 직접 보유하면서 네트워크가 성공하기를 진심으로 바라며 비트코인 관련 작업에 매진했다. 누구에게도 전혀 보수를 받지 않고 단지 새로운 화폐를 향한 신념으로 일한 것이다. 그렇게 몇 년이 흐르자 비트코인은 하나의 프로젝트에서 합법적인 글로벌 통화 네트워크로 발전했다.

비트코인을 스마트 계약 플랫폼으로 바꿔놓은 가장 중요한 변화가 2015~2017년 사이에 일어났다. 관련자들이 비트코인 개선제안서Bitcoin Improvement Proposals, BIP를 발표해 비트코인의 기본 규칙을 그대로 유지하는 동시에 기존의 단선적이던 비트코인 거래를 광범위한 상황에 적용 가능한 맞춤형 금융 계약으로 탈바꿈시킨 것이다.

 2016년 조지프 푼Joseph Poon, 타데우스 드리자Thaddeus Dryja라는 소프트웨어 엔지니어 두 사람이 공동으로 〈비트코인 라이트닝 네트워크: 대규모 오프체인 즉시 결제The Bitcoin Lightning Network: Scalable Off-Chain Instant Payments〉라는 논문을 발표했다. 이 논문은 당시 비트코인 소프트웨어에 적용하려던 모든 스마트 계약 기반의 혁신기술과 제안을 자양분으로 하여 작성되었다. 논문이 제안한 것은 새로운 유형의 비트코인 스마트 계약으로, 굳이 다음 블록을 채굴할 때까지 기다릴 필요 없이 즉시 결제가 가능하게 하자는 것이다. 라이트닝 네트워크는 거래 수단으로서 BTC 가능성을 한없이 높여주었을 뿐 아니라 1,000분의 1초 간격의 온라인 스트리밍online streaming 결제 기능 같은 혁신기술 적용이 가능하게 했다. 모든 것을 스트리밍하는 디지털 시대에 화폐 스트리밍이 안 될 이유는 무엇인가?

 또한 라이트닝 네트워크는 BTC의 시간 가치를 새로운 차원으로 끌어올렸다. 라이트닝 네트워크는 거래가 원활히 이뤄지도록 BTC를 담보물로 제공하는 사람들에게 유동성 제공의 대가로 수익을 얻게 해준다. 담보 제공자가 라이트닝 네트워크 전용 담보물을 제공한다고 해서 자신이 보유한 BTC를 양도할 필요는 없다. 이는 담보물을 여전히 자신이 보관하면서도 자기자본에 따른 수익을 만들어낼 수 있는, 역사적으로 유례없는 방식이다. 이러한 활동 과정에서 형성되는 이자율은 비트코인 금융세계의 지표 금리로 기능할 수 있다. 이처럼 화폐 영역에 신기술이 확산되면서 '화폐의 시간 가치'라는 개념 자체가 변화하고 있다.

대안 암호화폐

비트코인을 모방하는 화폐가 등장하는 것은 불가피한 일이다. 비트코인은 자유로운 오픈소스 소프트웨어이므로 모든 사용자가 자유롭게 다운로드하고 확인할 수 있다. 비트코인 주요 사용자와 의견을 달리하는 개발자들이 비트코인 규칙서의 변경을 요청했으나 비트코인에서는 이를 여러 번 거부했다. 그러자 비트코인을 모방하거나 약간 수정 혹은 재구성한 대안 암호화폐가 등장했다.

대안화폐가 비트코인보다 더 나은 아이디어라면 자본이 비트코인을 떠나 대안화폐로 쏠리기 마련이다. 그러나 지금껏 그 어떤 암호화폐도 시장가치나 해시 파워 측면에서 BTC에 장기간 도전하지 못했다. 대안 암호화폐는 단지 BTC 통화 피라미드의 하위계층에 존재할 뿐이다. 이는 1944년 브레튼우즈 합의 이후 달러를 제외한 모든 국가 화폐가 달러의 아래 계층에 존재한 것과 흡사하다. 미국달러가 전 세계 통화의 기준가격 역할을 하듯 BTC 는 모든 디지털 화폐의 기준가격으로 기능한다.

또한 BTC는 위조가 불가능하기 때문에 통화 피라미드에서 자신보다 아래에 위치한 화폐들의 탄력적인 화폐 발행에 제약을 가하지만 두 번째-계층 BTC 혹은 다른 디지털 자산의 발행 자체를 가로막지는 않는다.

비트코인이 초기에 성공을 거두자 모방화폐든 단순한 돈벌이용이든 가릴 것 없이 암호화폐 종류가 화산이 폭발하듯 증가했다. BTC를 기초 화폐로 삼아 미 달러화가 아닌 BTC로 가격을 표시해 거래하는 암호화폐들이 거래소에 대거 편입했다. 디지털 토큰 기반의 화폐들로 이뤄진 새로운 자산군이 생겼고 BTC는 그 디지털 왕국에서 최종 정산을 책임지는 화폐로 기능하고 있다.

BTC는 디지털 세계의 다른 암호화폐들이 의존하는 단 하나의 계산 단위다. BTC 홀로 유일한 디지털 자산이 되는 일은 없을 것이며 언제나 부수적이고 보조적인 자산이 모두 같이 있을 것이다. 비트코인 프로토콜은 마치 우리가 인터넷에 접속하거나 웹을 브라우징할 때마다 전송 제어 규약 Transmission Control Protocol, 인터넷 프로토콜 Internet Protocol, 하이퍼텍스트 전송 규약 Hypertext Transfer Protocol, HTTP 이 디지털 상호작용을 제어하듯 앞으로 수십 년 동안 인터넷의 주요 가치 전달 프로토콜로 쓰일 전망이다.

스테이블코인

비트코인 통화 피라미드 내에서 빠르게 성장 중인 두 번째-계층의 새로운 디지털 자산으로 스테이블코인^{Stablecoin}이 있다. 스테이블코인은 민간 부문 기업들이 발행한 디지털 토큰 형태의 부채다. 스테이블코인은 법정화폐(예를 들어 달러)와 '안정적인' 가치로 거래하도록 고안된 것이다.

그런데 안정적이라는 뜻의 '스테이블'이라는 명칭은 다소 모순적이다. 앞서 알아보았듯 피라미드 하단에 위치한 화폐 수단은 지속적인 안정성을 갖추는 경우가 거의 없기 때문이다. 스테이블코인은 안정성을 잃기 전까지만 안정적인 디지털 코인이라 할 수 있다(스테이블코인은 기존 화폐나 실물 자산과 연동해 가격 안정성을 보장하는 암호화폐다. 급격한 가격변동에 따른 위험성 없이 가격 안정성을 확보한 암호화폐를 원하는 시장 수요를 기반으로 출현했다. 코인의 가격 안정성을 확보하기 위해 미 달러화 등의 법정화폐를 은행계좌에 예치한 후 예치금액에 해당하는 만큼 코인을 발행하는 방법, 또는 암호화폐 자산을 담보물로 먼저 예탁한 후 해당 금액만큼 코인을 발행하는 방법을 사용한다.-역주).

스테이블코인이 등장한 이유는 BTC와 미국달러 간 환전이 보다 쉽고 빠르게 이뤄지도록 하기 위해서다. 기본적으로 스테이블코인 거래소는 은행계좌에 미 달러화로 예치되어 있지만 비트코인처럼 개인 키와 주소로 거래되는 자체 암호화폐를 발행한다.

아직 출시되지는 않았지만 가장 잘 알려진 스테이블코인은 페이스북의 디엠Diem(이전 명칭 '리브라Libra')이다. 페이스북은 미국 단기국채와 기타 달러 표시 화폐가 뒷받침하는 스테이블코인을 발행할 계획인 것으로 알려져 있다. 디엠의 출시 여부와 관계없이 2019년 페이스북이 스테이블코인 출시 계획을 발표한 것만으로도 디지털 화폐 세계의 획기적인 사건으로 여겨졌다.

이렇게 페이스북이 화폐 세계에 발을 들여놓으려 시도한 순간, 각국 중앙은행은 화폐와 암호학의 융합이라는 시대적 흐름에 공식 입장이 필요하다는 것을 절감했다. 민간 부문 은행들도 달러와 연동하는 원장 기반의 디지털 토큰 수요를 투자 기회로 활용할 준비를 하고 있다. 가령 JP모건은 2020년 자체 스테이블코인인 JPM 코인을 출시했다.

2021년 1월 미 재무부는 미국 저축기관감독청Office of the Comptroller of the Currency이 발간한 보고서를 통해 암호화폐와 스테이블코인의 적법성과 관련해 신뢰할 만한 지침을 발표했다. 이 지침에서 암호화폐와 분산원장 모두를 '독립적인 노드 검증 네트워크independent *node verification networks, INVN*'라고 칭하고 스테이블코인이라는 용어를 공식 정의했으며, 은행법을 준수하는 한 암호화폐와 분산원장을 사용해 가치를 디지털 방식으로 거래하도록 허용했다. 이러한 결정은 미래 화폐가 암호기술을 핵심 근간으로 삼아 만들어질 것임을 증명한다.

'따라서 우리는 은행이 INVN 노드로 기능해 결제거래를 승인, 저장, 기록할 수 있다고 결론지었다. 마찬가지로 은행은 INVN과 관련 스테이블코인을 사용해 법이 허용하는 다른 결제활동을 수행할 수 있다. 은행은 이런 활동을 수행할 때 관련법과 안전하고 건전한 금융 관행을 따라야 한다.'

상품 선물

미국에서 은행의 수도는 뉴욕이라 할 수 있지만 시카고는 상품 헤징의 수도 역할을 해왔다. 19세기 시카고는 선도계약과 선물계약을 표준화해 농민들이 수확 이전에 곡물을 판매할 수 있는 계약을 체결하도록 도왔다. 1898년 버터와 계란 선물계약이 표준화되면서 시카고 버터계란위원회Chicago Butter and Egg Board가 설립되었다. 이 위원회는 오늘날 세계 최대 파생상품 거래소인 시카고 상품거래소Chicago Mercantile Exchange, CME의 전신이다.

CME는 수년 동안 상상할 수 있는 모든 상품을 선물 거래 목록에 추가해왔는데 1964년에는 살아 있는 소, 1969년에는 은, 2017년에는 비트코인을 선물 목록에 추가했다. 2016년 CME는 이듬해 비트코인 선물계약을 출시하기 위해 비트코인 가격 데이터를 게시한다는 계획을 발표했다. 비트코인이 전 세계 상품시장에서 권위를 인정받는 시카고에 진출하자 적법성이 크게 향상되었다.

CME 비트코인 선물은 금융시장 참가자가 BTC와 미국달러를 서로 쉽게 교환하게 해서 비트코인을 보다 많이 활용하는 데 직접 기여했다. 기업은 원치 않는 환위험을 적극 관리할 수 있음을 인지한 상태에서 BTC 화폐로 거래하는 활동에 참여가 가능하다. 게다가 비트코인 선물은 비트코인 개인 키를 보유하지 않고도 BTC 가격 변화에 노출되길 원하는 참여자에게 달러 피라미드 내에서만 운영되는 두 번째-계층 BTC를 제공한다. 이처럼 CME의 비트코인 선물은 비트코인이 기존 금융 시스템에 완전히 통합될 수 있는 길을 열어줬다.

계층 비트코인

전 세계에서 비트코인을 통화로 받아들이고 화폐로 인식하는 경향이 강해지면서 비트코인의 두 번째-계층은 다양한 BTC 기반 약속증서, 대안 암호화폐, 스테이블코인 등으로 풍부해지고 있다. 〈그림 16〉은 BTC가 새로운 통화 피라미드의 정점에 위치하고 재무상태표와 가격 관계에서 비롯되는 두 번째-계층 화폐가 하단에 있는 모습을 보여준다.

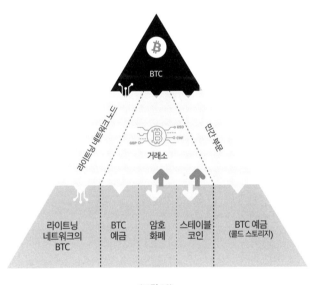

〈그림 16〉

9장

중앙은행 디지털 화폐

비트코인의 출현으로 돈의 양식이 근본적으로 변화하자 전 세계 중앙은행들도 자신의 암호화폐를 모색할 수밖에 없었다. 이들은 중앙은행 디지털 화폐Central Bank Digital Currency, CBDC를 준비 중인데 그 기본은 준비금, 지폐와 동일하게 재무상태표에서 만들어지는 두 번째-계층 화폐 개념에 기초하고 있다. 하지만 CBDC를 어떻게 구성할지, 기술 측면에서 비트코인과 얼마나 유사하거나 다를지, 어떤 영향을 미칠지는 아무도 모른다.

이번 장에서는 어떤 중앙은행이 어떤 방식으로 암호화폐의 대항마를 준비하고 있는지 살펴보고, 미래에 중앙은행 디지털 화폐들 간에, 그리고 스테이블코인 및 비트코인과 어떻게 상호작용할

지 예측해보겠다.

게임 판도 변화

연준의 중앙은행가들과 전 세계 경제 전문 자문단은 1982년 이래 매년 와이오밍의 잭슨홀에 모여 학문과 중앙은행의 발전 방향을 논의한다. 2019년 심포지엄에서 당시 영국 중앙은행 총재였던 마크 카니가 국제통화와 금융 제도에 관해 엄중한 메시지를 던졌다. "장기적으로 우리는 게임을 변화시켜야 한다."

그는 달러가 유일한 기축통화인 단극성 화폐 체제가 지속 불가능한 상황임을 한탄하며 달러 이후의 화폐 체제 변혁에 대해 연구할 것을 촉구했다. 문제는 수십 년이 걸릴 장기적 변화를 계획하는 것이 어마어마한 작업이라는 데 있다. 미래 통화를 위해 새로운 길을 닦는 것은 말처럼 쉽지는 않은 일이다.

헬리콥터 머니

2016년 영국 중앙은행의 고위 임원이던 벤 브로드벤트Ben Broadbent는 런던정치경제대학에서 '중앙은행과 디지털 화폐'라는 제목으로 통화 역사에 남을 만한 연설을 했다. 그는 연설에서 다음 질문에 답하고자 했다.

'비트코인같이 민간 부문이 주도하는 디지털 화폐의 핵심적인 혁신 내용은 무엇인가? '중앙은행 디지털 화폐'란 무엇인가? 이러한 화폐를 도입하는 경제적 함의는 무엇인가?'

그는 비트코인이 불러온 혁신의 중요성과 이것이 우리의 화폐 개념에 어떤 영향을 미칠지 이해하려 했다. 나아가 중앙은행이 비트코인 같은 토큰 기반의 디지털 현금이라는 혁신기술로 발행한 화폐(즉 중앙은행의 부채 혹은 두 번째-계층 화폐)를 일반 대중이 직접 사용하도록 하여 중앙은행 자신의 이익을 도모할 수 있음을 인정했다.

중앙은행이 자체 디지털 화폐를 발행한다는 아이디어에 매력을 느끼는 이유는 무엇인가? 답은 두 번째-계층 화폐에 보다 많은 사람이 접근하도록 할 수 있다는 점에 있다. 연준이 두 종류의 화폐를 발행한다는 사실을 떠올려보라. 하나는 민간은행에 발행하는 도매화폐 준비금이고 다른 하나는 일반 시민용 소매화폐 현금이다.

전통 방식의 통화 부양책은 연준이 민간은행에 도매화폐 준비금을 발행하고 이를 토대로 민간은행이 경제 시스템에 세 번째-계층 화폐인 소매화폐 현금과 대출을 확대하는 것이다. 그러나 중앙은행이 디지털 화폐를 발행하면 연준은 두 번째-계층 화폐를 디지털 헬리콥터 머니 형태로 국민에게 '직접' 제공할 수 있다.

'헬리콥터 머니'는 1969년 미국 경제학자 밀턴 프리드먼이 쓴 표현으로, 경제 수요 촉진을 위해 헬리콥터로 현금을 살포하는 이미지를 떠올리게 한다. 연준이 폭넓은 정치 논쟁을 거치지 않은 상태에서 이 같은 유형의 경제 부양책을 제공할 수는 없다. 디지털 화폐는 중앙은행의 독립적인 통화정책과 국가가 관리하는 재정정책 간의 경계를 모호하게 만들기 때문이다. 헬리콥터 머니는 지난 수십 년 동안 통화정책 도구로 모색되었고 보편적 기본소득Universal Basic Income 같은 정책이 인기를 끌면서 향후 디지털 화폐는 중앙은행이 국민에게 직접 자금을 제공하는 이상적인 수단이 될 전망이다.

브로드벤트는 중앙은행이 발행하는 디지털 화폐를 'CBDC'라는 약어로 축약해 공식 사용했는데 이 약어는 앞으로 오랜 기간 통화 담론을 지배할 것이 확실하다. 그의 연설 이후 중국, 스웨덴, 호주의 중앙은행이 CBDC를 테스트하기 시작했다. 유럽 중앙은행, 잉글랜드 중앙은행, 미 연준 등은 이미 수년째 연구를 진행 중이며 중앙은행 디지털 화폐가 수년 내에 현실화할 것으로 보고 있다. CBDC를 도입할지 따지는 것은 이미 논의의 대상이 아닌 것이다.

현재 중앙은행 디지털 화폐와 이 화폐가 나아갈 방향과 관련해서는 정해진 답보다 질문이 더 많은 상황이다. 모든 사람이 접근할 수 있는 두 번째-계층 화폐 형태가 될까? 만일 그렇게 된다면 은행과 은행이 일반 대중에게 발행하는 세 번째-계층 화폐는 어떻게 될까? 세 번째-계층의 은행예금은 일반 대중이 가장 많이 사용하는 화폐지만 결국엔 '소매용' CBDC가 대중이 선호하는 화폐 유형으로 이를 대체할 가능성이 있다.

사회적 측면에서 중앙은행이 일반 대중용 디지털 화폐를 직접 발행함으로써 새로 얻는 감시 권한과 통화정책 역량은 어떤 방식으로 사용되어야 할 것인가? 전 세계 중앙은행은 디지털 화폐 세상과 관련된 질문의 해답을 찾기 위해 업계와 사회 전문가의 자문을 구하고 있다.

CBDC 설계

CBDC는 아직 공식화하지 않은 상태로, 여전히 통화와 관련된 미지의 영역이다. 하지만 계층 화폐 측면에서는 CBDC를 좀 더

구체적으로 정의할 수 있다. 중앙은행이 CBDC를 발행할 경우 디지털 화폐는 지폐권, 지급준비금과 함께 중앙은행의 재무상태표상에서 부채에 해당하는 두 번째-계층 화폐가 될 것이다. 세계는 마크 카니가 말한 새로운 다극 게임을 모색하고 있으며 이 변화에 참여하려는 국가는 자신만의 특색을 지닌 자체 디지털 화폐를 만들어야 한다.

우선 중앙은행은 디지털 화폐가 도매화폐인 지급준비금과 소매화폐로서의 현금이라는 부채 가운데 어떤 형태를 모방할지 결정해야 한다. 디지털 화폐 발행과 관련해 근본적이고도 중차대한 결정을 명료하게 내리려면 계층 화폐 개념을 적용할 필요가 있다.

연방 은행권(즉 현금)은 중앙은행이 발행하는 두 번째-계층 소매화폐로 민간은행이 개입되지 않는다. 사실 현대사회에서 현금은 거의 사용되지 않는다. 일상생활에서 돈을 지불할 때 사람들은 은행예금이나 은행계좌에 연결된 결제 플랫폼을 사용하며 이것은 모두 은행이 발행하는 세 번째-계층 또는 그 아래 계층에 위치한 화폐다.

중앙은행은 디지털 화폐 도입이 은행업에 미칠 영향을 경계하고 있다. 이 새로운 기술로 중앙은행은 은행의 화폐 발행 역할을 크게 줄일 수 있다. 만약 중앙은행이 CBDC로 전 국민에게 접근할 수 있다면 사람들이 계좌 입금과 공과금 납부 등을 위해 은행 계좌에 의존하는 정도는 줄어들 것이다.

대신 중앙은행이 도매화폐인 준비금 형태로 디지털 화폐를 발행해 은행들만 접근 가능하도록 하는 방법을 고려해볼 수 있다. 디지털 지급준비금 형태로 발행하는 방안은 은행의 금융 인프라 현대화에는 도움을 주겠지만 사회가 화폐와 상호작용하는 방식에는 직접적인 영향을 미치지 않는다.

중앙은행은 소매용 CBDC와 도매용 CBDC 중 무엇을 발행할 것인가? 둘 중 하나를 시도하거나 두 개를 모두 시도할 수도 있다. 도매 CBDC는 은행의 역할 문제를 야기하지 않는다. 또한 수백만 명을 대상으로 할 필요 없이 소수의 은행을 사용자로 선택할 수 있으므로 실제 환경에서 신기술을 시험해볼 최고의 방법이 될 것이다. 소매 CBDC는 중앙은행이 은행들이 아니라 일반 시민과 직접 상호작용하는 권한을 갖는 것이므로 화폐정책 개념을 바꿔놓을 가능성이 있다. 중앙은행마다 서로 다른 길을 선택할 것이다.

중국

지난 수년간 중국과 미국 간의 지정학적 긴장이 고조되어왔고 중국이 세계 초강대국 자리를 차지하려는 의지를 본격화하고 있는 만큼 미-중 간 긴장 관계는 이어질 전망이다. 현재 중국은 전 세계 100여 개 국가가 참여하는 무역 인프라 네트워크인 '일대일로' 정책을 통해 자국 통화의 영향력을 확대하고 있다.

그렇지만 경제성장에도 불구하고 중국은 아직 그에 걸맞은 탄탄한 자금조달시장과 풍부한 유동성을 담보하는 자본시장을 갖추지 못하고 있고 특히 무위험 자산시장(즉 중국 국채시장) 부문에서 많이 뒤처져 있다.

유동성과 안전자산이라는 국제 금융시장 레이더에서 중국 국채시장은 잠깐 깜빡이는 정도의 미미한 규모다. 무엇보다 1948년 중국 인민은행(중앙은행) 설립과 더불어 발행되기 시작한 중국화폐 위안화RMB는 자유로운 거래가 보장되지 않고 있다. 중국 정부는 RMB와 다른 통화 간 거래를 제한하고 있으며 환율 결정 주체도 시장이 아닌 국가다.

RMB와 세계 기축통화인 미국달러 간 태환성 역시 원활한 상태라고 보기 어렵다. 중국은 위안화의 국제화를 위해 많은 노력을 기울이고 있지만 자본계정을 여전히 폐쇄한 상태다. 다시 말해 기업과 은행이 위안화를 중국 안팎으로 자유롭게 옮기지 못해 세계 기축통화로서 RMB를 원하는 수요가 만들어질 수 없는 환경이다.

그럼에도 불구하고 중국은 포스트 달러 시대를 준비하고 있다. 2008년 금융위기 이후 중국은 수년 동안 국제무역 거래에서 미 달러화에 대한 의존도를 낮추기 위해 자국 동맹국들과의 교차통화 cross-currency 거래를 확대하고 있다(환율 비교를 위한 두 개의 통화 조합을 통상 통화쌍이라 부르는데 대개는 미국달러와 자국 통화를 하나의 통화쌍으로 묶어 표시한다. 예를 들면 USD/KRW, USD/JPY 등의 방식이다. 교차통화란 미국달러를 포함하지 않은 통화쌍을 말한다. 가령 CNY/RUB, CNY/INR 등이다.-역주). 이런 움직임은 2011년 중국과 러시아 간 합의를 시작으로 글로벌 달러 표준제도의 대안을 모색하면서 계속 이어지고 있다.

인민은행은 이미 몇 개 도시에서 일부 국민과 기업을 대상으로 디지털 위안화의 1단계 테스트인 DCEP Digital Currency Electronic Payment를 실시하고 있다. 중국은 전 세계에서 이제 막 시작된 CBDC 경쟁에서 앞서 나가기 위해 DCEP의 전반적인 법률 체계를 마련하는 작업을 진행하고 있다. 앞으로 중국은 디지털 RMB를 도구 삼아 세계에서 영향력을 확대하고 자국 화폐 사용을 확산하려 할 가능성이 있다.

DCEP가 전면 적용된다면 중국은 주요 교역국에 반드시 DCEP

를 사용하도록 강제하는 방법으로 세계 최대의 금융거래 감시 체제를 구축하려 할 것이다. 흥미롭게도 중국은 민간은행이 위안화가 뒷받침하는 디지털 토큰 혹은 위안화 스테이블코인을 발행하는 것을 법으로 금지하고 있다. 이는 중국 CBDC의 독특한 특징인데, 중국은 세 번째-계층 은행예금이 없는(즉, 은행이 화폐 발행에 관여하지 않는) 금융 시스템으로 전환해 모든 국민이 두 번째-계층 소매화폐인 CBDC만 사용하는 시스템을 구상 중인 것으로 보인다.

디지털 유로

유럽 중앙은행은 2020년 10월 〈디지털 유로 보고서Report on a Digital Euro〉를 발간하고 자체 디지털 화폐를 발행하려는 의지를 적극 표명하고 있다. 이 보고서는 '몇 가지 가능성 있는 큰 시나리오에서 디지털 유로는 필수 요소가 될 것'이라는 결론을 내리며, 통화학과 암호학의 융합은 공인된 추세로 세계 통화질서를 근본적으로 변화시키고 있음을 인정했다.

이 보고서는 디지털 유로에 관한 답변보다는 질문으로 가득 차있다. 예를 들면 CBDC가 유럽 중앙은행과 민간은행 간의 두 번째와 세 번째-계층 관계에 어떤 영향을 미칠지, 디지털 화폐가 지폐와 공존할지 아니면 이를 완전히 대체할지, 통화정책의 의미는 무엇이 될지 등의 질문이다. CBDC가 발행되면 이것이 은행예금 수요를 대체할 수 있으므로 민간은행에 큰 위협이 될 수 있다. 따라서 유럽 중앙은행은 적절한 균형점을 찾기 위해 애쓰는 모양새다. 보고서에 따르면 유럽 중앙은행은 디지털 유로 프로젝트를 시작할 준비를 갖췄으며 2021년 기술 검토를 본격 실시할 예정이다.

페드코인

현재 연준 의장을 맡고 있는 제롬 파월은 2020년 국제통화기금 컨퍼런스에서 페드코인Fedcoin 발행 가능성을 언급했다. 페드코인이란 연준에서 발행할 디지털 화폐를 가리키는 애칭이다.

"미국이 가장 먼저 시행하는 것보다 제대로 시행하는 것이 더 중요하다. 미국은 중앙은행 디지털 화폐가 미국 경제와 결제 시스템에 미치는 비용과 편익을 신중하고도 세밀하게 평가하는 노력을 기울이고 있다. 아직은 CBDC 발행 결정을 내리지 않은 상태다."

페드코인에 대한 구체적인 계획을 마련한 것은 아니지만 분명 연준은 적절한 시기에 디지털 화폐를 발행하기 위한 준비를 착실히 진행하고 있다. 비트코인이 성장을 지속하는 상황 때문이 아니라면, 전 세계 중앙은행 중 연준이 디지털 화폐를 가장 마지막에 내놓는 후발주자가 될 수도 있음을 깨달았기 때문인지도 모른다. 중국과 유럽의 행보를 보면 연준은 이미 CBDC에서 뒤처진 상태다.

연준이 국민이 디지털 지폐로 즉시 사용할 수 있는 소매용 CBDC를 발행할 가능성은 낮다. 우선 디지털 은행 준비금 형태로 발행해 기술 테스트를 완료한 뒤 결국 일반 대중이 사용 가능한 소매화폐로서 페드코인을 준비할 것으로 보인다. 〈그림 17〉은 페드코인이 지급준비금, 현금과 더불어 어떻게 두 번째-계층 화폐에 위치할지 보여준다.

〈그림 17〉

비트코인과 CBDC의 가격 관계

이 책은 미래에는 BTC가 유일한 첫 번째-계층 화폐로 홀로 설 거라는 점을 기본 전제로 한다. 그 이유를 한마디로 표현해야 한다면 2014년 경제사상가 나심 니컬러스 탈레브Nassim Nicholas Taleb가 만든 신조어 앤티프래절anti-fragile('취약성의 반대'로 해석할 수 있겠다)을 들 수 있다. 탈레브는 앤티프래절을 다음과 같이 정의했다.

'충격으로부터 이익을 취하는 것들이 있다. 그것들은 변동성, 임의성, 무질서, 스트레스 유발 요인에 노출될 때 번성하고 성장하며 모험·위험·불확실성을 사랑한다. 이런 현상이 도처에 존재하는데도 취약함fragile과 정확히 반대되는 단어는 존재하지 않는다. 여기에 '앤티프래절'이라는 이름을 붙이겠다. 앤티프래절은 회복력이나 강건함을 뛰어넘는다. 회복력이 충격을 견디고 이전 상태를 유지한다면 앤티프래절은 오히려 더 나아진다.'

비트코인은 달러 피라미드 내의 세계적인 통화 무질서 속에서도 번성하고 있고 위협, 비방, 또는 혁신을 무시하는 관료들이 제정한 법 체제에도 강인한 회복력을 보인다는 점에서 앤티프래절에 해당한다. 비트코인과 관련해 가장 평범한 진실은 아무도 비트코인을 통제하지 않는다는 점이다. 국가로부터 자유롭고 누구나 보편적으로 접근 가능한 사상 최초의 디지털 화폐다. 따라서 온전히 디지털 영역에만 존재하는 모든 화폐는 BTC를 기준으로 가격이 정해질 것이다. 다시 말해 암호화폐부터 CBDC에 이르기까지 모든 디지털 화폐의 가격은 BTC로 측정될 것이다. 이는 마치 1944년 브레튼우즈 합의에서 모든 통화 가격을 미국달러 기준으로 정하도록 규정한 것과 같다.

〈그림 18〉은 미래에 BTC가 세계 기축통화이자 유일한 첫 번째-계층 화폐로 기능하는 모습을 표현한 것이다. BTC를 표준으로 한 계층 화폐 시스템으로 발전하려면 일부 중앙은행에서 개발 중인 몇 가지 세부 기술이 본궤도에 올라야 한다. BTC가 세계 기축통화로 나아가는 길의 마지막 퍼즐 조각은 바로 아토믹 스왑 atomic swap이다.

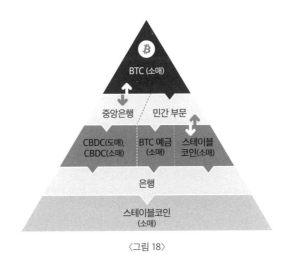

〈그림 18〉

아토믹 스왑

미래의 화폐 구조에서 아토믹 스왑의 역할을 이해하려면 이 책에서 논의한 세 가지 요소, 즉 라이트닝 네트워크, 해시 타임록 계약, 분산원장기술을 알아야 한다. 그럼 각 요소의 중요한 측면을 빠르게 훑어보고 세 가지 요소를 어떻게 조합할지 살펴보겠다.

라이트닝 네트워크는 다음 블록을 채굴할 때까지 10분을 기다릴 필요 없이 서로 즉각 거래하도록 도와주는 BTC 사용자 네트워크다. 이는 해시 타임록 계약HTLC이라는 스마트 계약 덕분에 구현이 가능하다. 이와 별도로 분산원장기술은 주류 학계와 중앙은행 조사국에서 비트코인 방식의 소프트웨어를 설명할 때 사용하는 용어다.

이제 이 세 요소를 어떻게 조합할 수 있는지 살펴보자. 중앙은행은 비트코인의 라이트닝 네트워크와 호환되는 스마트 계약 기술인 HTLC를 갖춘 분산원장기술 소프트웨어를 사용해 CBDC를 발행할 것이다. 그리고 스마트 계약이 모든 디지털 자산과 호환되면 아토믹 스왑이 가능해진다.

아토믹 스왑의 핵심 개념은 '거래'이며, 각기 다른 블록체인 기술을 쓰는 디지털 화폐를 거래소 같은 제3기관을 통하지 않고도 거래하게 해주는 스마트 계약이라 정의할 수 있다. 이해를 돕기 위해 애플 주식을 매수하는 경우를 예로 설명하겠다.

가령 애플 주식 100주를 각각 100달러에 매수한다고 해보자. 이때 주식을 매수하려는 사람은 증권거래소에 1만 달러를 예치해야 하고 주식을 매도하려는 사람도 해당 주식을 예치해야 한다. 거래가 이뤄지기 위해서는 매수자와 매도자 모두가 거래에 필요한 자금과 주식을 보유하고 있음을 보증해줄 제3자로서의 거래소가 필요하다. 거래를 보증해줄 제3자가 없다면 거래상대방을 신뢰할 수 있는 경우에만 거래가 이뤄질 것이다.

아토믹 스왑은 거래에 대한 이러한 기본 개념을 근본적으로 뒤집는다. 거래상대방 위험, 교환 위험, 부도 위험 등 모든 위험 요소를 제거하도록 프로그래밍해서 거래하는 쌍방 모두를 위해 거래를 성사 혹은 무산시킨다(용어 '아토믹'은 이런 거래가 전적으로 이뤄지거나 전혀 진행되지 않는다는 사실과 관련이 있다. 당사자 중 한 명이 예정 혹은 약정된 사항을 진행하지 않거나 이에 실패할 경우 계약은 취소되며 자금은 자동으로 소유주에게 돌아간다.-역주).

아토믹 스왑에서 중앙은행 디지털 화폐는 비트코인의 라이트닝 네트워크가 제공하는 동일한 유형의 스마트 계약을 갖춘 분산원장기술 소프트웨어를 사용할 때만 작동한다. 그렇다고 분산원장에 기록되는 CBDC를 발행하는 중앙은행이 자기 통화에 대한 통제권을 양도한다는 의미는 아니다.

이미 분산원장기술을 적용해 아토믹 스왑이 가능해진 경우가 있다. 중앙은행 디지털 화폐를 실제 생활에서 원자적으로 스왑하는 데 성공한 사례를 소개하겠다.

2019년 싱가포르 통화청Monetary Authority of Singapore, 캐나다 중앙은행, JP모건, 액센추어Accenture는 두 개의 별도 분장원장기술 플랫폼에서 '양쪽 관할권 모두가 신뢰하는 제3자가 개입할 필요 없이' 스마트 계약 기술인 HTLC를 사용해 캐나다달러CAD와 싱가포르달러SGD 간 아토믹 스왑을 구현하는 데 성공했음을 발표했다. 이 거래는 소프트웨어 프로그래밍과 컴퓨터공학 측면에서 매우 복잡하며 실행하는 데 상당한 시간과 노력이 들었다.

하지만 이는 현재 세계에서 통화 당국이 미래 통화를 모색하기 위해 어떤 유형의 연구를 수행하고 있는지 잘 보여준다. 캐나다 중앙은행은 분산원장기술 코다Corda를, 싱가포르 중앙은행은 분산원장기술 쿼럼Quorum을 사용했다. 즉 서로 다른 블록체인 기술을 사용했는데 두 제품 모두 민간 기업에서 제공하는 솔루션이다. 두 개의 분장원장기술은 기본적으로 서로 차이가 있지만 둘다 HTLC를 허용하기 때문에 가장 중요한 부분에서 호환이 가능하다.

중앙은행은 CBDC 구현을 위한 기술적인 세부 사항을 해결하기 위해 고위직에 점점 더 많은 응용암호 분야 전문가를 필요로할 것이다. 은행 소프트웨어 솔루션을 사용하거나 대안 암호화폐 혹은 비트코인 자체를 사용하는 등 중앙은행은 디지털 화폐 발행에 여러 옵션을 가지고 있다. 만약 중앙은행이 비트코인 시대에 디지털 화폐가 번성하길 원한다면 HTLC 기능을 갖춘 분산원장기술 소프트웨어를 사용해 CBDC를 발행함으로써 아토믹 스왑 그룹에 합류할 것이다.

BTC가 유일한 첫 번째-계층 디지털 화폐로 자리매김하면서 다른 모든 디지털 화폐 가격은 그 발행자의 영향력과 무관하게 결국 BTC를 기준으로 정해질 것이다.

10장

화폐 선택의 자유

17세기 암스테르담은행이 설립된 이래 국가와 화폐는 서로 긴밀하게 연결되었다. 그렇지만 디지털 시대에는 화폐와 국가 간의 동맹이 이전 같은 힘을 발휘하지 못할 것이다. 국가 화폐의 반대 기제로 비트코인이 부상하면서 동맹 개념 자체가 구습이 되어가고 있다.

비트코인은 소프트웨어이자 수학이며 표현 방식이므로 인간의 당연한 권리로 인정해야 한다. 우리는 비트코인 덕분에 국가와 아무 관련이 없는 방식으로 자신의 소득과 저축을 표시할 수 있게 되었다. 정치적 이상을 위해서든, 비폭력 저항 수단이든, 새로운 화폐를 만들어낼 기술에 관한 신념에서든 비트코인을 선택함으로써 자기 노동의 결실을 측정할 권리를 스스로 택할 수 있다는 점은 동일하다.

비트코인은 자국 화폐를 쓰는 것을 지극히 당연한 자연의 섭리처럼 생각해온 인류 사회에 처음으로 제시된 진정한 대안화폐로서, 세계적으로 사용자가 1억 명을 넘어서는 불가역적 추세로 자리 잡았다.

미래 비전

이제 계층 화폐 맥락에서 화폐의 미래가 어떻게 전개될지 대략적으로 윤곽을 그려보자. 일반적으로 중앙은행은 환율 안정을 위해 자국 화폐를 사고파는 거래 창구를 운영한다. 머지않아 다른 국가 화폐와의 환율뿐 아니라 BTC와의 디지털 환율도 중요해질 것이므로 중앙은행 내에 BTC 거래 창구가 새로 개설되는 것은 물론, '공개시장 조작' 시에도 BTC를 포함해 중앙은행에서 직접 디지털 환율을 관리하려 할 것이다.

비트코인으로 인해 화폐의 권력 균형이 국가로부터 이탈하는 격심한 전환 조짐을 보이고 있지만 중앙은행들도 디지털 화폐라는 날개를 펼칠 준비를 하고 있다. 중국은 2022년 동계올림픽 이

전에 CBDC를 선보이고자 준비 중이며 유럽 중앙은행, 연준, 기타 주요 중앙은행들도 비슷한 시기에 CBDC를 테스트하고 자체 디지털 화폐를 발행할 전망이다.

은행은 높은 금리나 캐시백 멤버십 제공 등의 방법으로 중앙은행 전자화폐 사용 시 혜택을 주는 스테이블코인을 발행할 가능성이 크다. 아토믹 스왑이 본격 적용돼 서로 다른 종류의 디지털 화폐를 거래하는 불편이 줄어들면 스테이블코인은 탄력적인 신용과 대출을 위한 자금 원천으로 주목받을 것이다. 은행이 대출금을 재무상태표에 자산으로 기재한 후 예금을 부채로 기록하지 않고 대신 스테이블코인을 발행할 수도 있다.

분장원장기술을 사용해 은행의 투명성이 획기적으로 높아지면 신뢰도 역시 회복될 것이며, 윈도 드레싱window dressing으로 과장된 분기별 보고서 대신 실시간 자본비율이 기재된 동적인 재무상태표를 제공할 수도 있다.

은행은 미래의 통화질서에 참여하기 위해 다른 스테이블코인, CBDC, 비트코인과 원자적으로 스왑 가능한 스테이블코인을 발행해야 한다. 은행은 디지털 화폐 간 시장을 조성하고 차익거래로 수익을 창출하면서 아토믹 스왑을 주도할 것이다. 아토믹 스왑에 기반한 디지털 화폐 간 즉시 결제를 본격 구현함으로써 비트코인을 기초로 한 통화제도로 가는 길이 열릴 것이다.

전 세계 정부와 기업은 BTC를 지불준비금으로 보유해 달러 시스템에 대한 의존도를 낮출 수 있다. 이제 달러 시스템은 저물고 있으며 세상은 이미 암호화폐를 향해 나아가고 있다. 유로화나 위안화 같은 달러 이외의 다른 국가 화폐가 대안일 수는 없다.

금은 앞으로도 신뢰받는 중립화폐 역할을 하겠지만 현실적으로 디지털 금융 시스템의 중추적 역할자의 실력을 갖추고 있지 않다. 역사적으로 금이 거래상대방 위험이 없는 최상의 자산임을 부인하는 것은 아니다. 비트코인은 현재 시장가치 기준으로 금의 6%에 불과하다. 더구나 금은 2007년 이후 금융위기에 따른 반발로 국제통화로서의 지위를 일정 부분 회복했다. 각국 중앙은행이 달러 시스템의 불안정성과 취약성의 헤지 수단으로 금 자산 보유량을 늘리고 있기 때문이다.

금은 통화 무질서와 혼란 상황에 대비한 보험으로서 달러 피라미드에 급격한 지각 변동이 일어날 때 오히려 그 존재감이 확대될 것이다. 그렇지만 디지털 세계에서 금의 존재감은 비트코인에 미치지 못한다. 결국 비트코인은 사람들이 가장 선호하는 중립화폐로서 금의 지위를 대체하고 총 시장가치도 금을 넘어서게 될 것이다.

앞으로 모든 화폐는 디지털 지갑으로 보관하는 디지털 토큰으로 바뀌고 여러 종류의 전자화폐가 동시에 통용될 전망이다. 예를 들어 세금 납부와 각종 정부 지원금 수령은 자국 중앙은행이 발행하는 CBDC를, 이자 수익 목적으로는 스테이블코인을, 중립 화폐로는 BTC를 사용하는 등 한 종류의 화폐가 독점적으로 강제 통용되는 지금과는 다른 모습이 펼쳐질 것이다. 중앙은행 전자화 폐가 일상생활에서 보편적으로 사용되고 민간은행 예금의 활용도는 점차 축소될 것이다. 보다 많은 사람이 국가의 발권력과 무관한 암호화폐만으로 일상생활을 영위하고 결코 스스로를 거래 상대방 위험에 노출하지 않을 것이다.

화폐 선택

다극 체제로 변화하는 세상에서 비트코인은 우리에게 화폐 재탄생을 가능케 할 실질적인 대안으로 다가서고 있다. 많은 국가가 저항할 테고 일부 중앙은행과 정치인은 자신의 권력을 위협하는 비트코인을 불허하는 데 성공할지도 모른다. 하지만 유럽의 은행 피난처에서든, 카리브해의 역외 통화센터에서든, 아니면 미국 내에서든 결국 화폐 선택의 자유 문제는 반드시 대두될 것이다.

자신이 살고 있는 국가의 화폐만 사용하는 시대는 이제 오지 않는다. 아직 그 어떤 화폐도 BTC와 같은 수준의 부패에 저항하는 힘을 입증하지 못하고 있다. 비트코인은 확정된 거래를 번복할 수 없는 시스템으로 전 세계 어디서나 자유로운 금융거래의 궁극적인 수단으로 인식되고 있다. 인터넷이 화폐와 충돌하는 어느 곳에서든 비트코인은 통신과 상업 출현에 비견할 만한 커다란 변화를 일으킬 것이다.

지금까지 계층 렌즈의 눈으로 비트코인의 기원을 추적하면서 새로운 유형의 첫 번째-계층 화폐가 출현했음을 살펴보았다. 이것은 전 세계가 간절해 원해온 것이지만 그 파급력은 이제 막 이해되기 시작했을 뿐이다.

미래에는 출생지나 거주 국가에 따라 사용하는 화폐가 결정되지 않고 개개인의 화폐 선호도가 화폐 선택의 중요 요소로 작용할 전망이다. 계층 화폐의 지도를 펼쳐 들면 이미 낡아버린 금융 시스템의 구습에서 벗어나 지리적 요소에 구애받지 않고 다종의 화폐 세상을 탐험할 수 있다. 계층 화폐 설계 구조를 항시 염두에 두고 여러분의 화폐가 기초로 하는 것은 무엇이며 화폐 지형의 어디에 위치하는지 살펴 모두가 화폐 선택의 자유를 만끽하기 바란다.

참고 문헌

» Agueci, Paul, Leyla Alkan, Adam Copeland, Isaac Davis, Antoine Martin, Kate Pingitore, Caroline Prugar, Tyisha Rivas. "A Primer on the GCF Repo® Service," Federal Reserve Bank of New York Staff Reports, no. 671, April 2014, revised May 2014. https://www.newyorkfed.org/medialibrary/media/research/staff_reports/sr671.pdf

» Bagehot, Walter. Lombard Street: A Description of the Money Market. New York: Scribner, Armstrong & Co, 1873.

» Bank of Canada and Monetary Authority of Singapore. Jasper–Ubin Design Paper, "Enabling Cross-Border High Value Transfer Using Distributed Ledger Technologies," 2019. https://www.accenture.com/_acnmedia/PDF-99/Accenture-Cross-Border-Distributed-Ledger-Technologies.pdf

» Bank of International Settlements. "Central bank digital currencies: foundational principles and core features, Bank of Canada, European Central Bank, Bank of Japan, Sveriges Riksbank, Swiss National Bank, Bank of England." Board of Governors Federal Reserve System, Bank for International Settlements. Report no. 1, 2020. https://www.bis.org/publ/othp33.pdf

» Bao, Cecilia and Emma Paine. "Insights from the Federal Reserve's Weekly Balance Sheet, 1942–1975," Studies in Applied Economics, no.104, 2018. Johns Hopkins

Institute for Applied Economics, Global Health, and the Study of Business Enterprise.

» Bao, Cecilia, Justin Chen, Nicholas Fries, Andrew Gibson, Emma Paine and Kurt Schuler. "The Federal Reserve's Weekly Balance Sheet since 1914," Studies in Applied Economics, no.115, 2018. John's Hopkins Institute for Applied Economics, Global Health, and the Study of Business Enterprise.

» Blandin, Apolline, Dr. Gina Pieters, Yue Wu, Thomas Eisermann, Anton Dek, Sean Taylor, Damaris Njoki. "3rd Global Cryptoasset Benchmarking Study," Cambridge Centre for Alternative Finance (CCAF) at the University of Cambridge Judge Business School, September 2020. https://www.jbs.cam.ac.uk/wp-content/uploads/2020/09/2020-ccaf-3rd-global-cryptoasset-benchmarking-study.pdf?v=1600941674

» Board of Governors Department of Securities and of the Treasury Exchange Commission Federal Reserve System. "Joint Report on the Government Securities Market," January 1992. https://www.treasury.gov/resource-center/fin-mkts/Documents/gsr92rpt.pdf

» Bordo, Michael D., and Robert N. McCauley. "Triffin: Dilemma or Myth?" BIS Working Papers, no. 684. Monetary and Economic Department, Bank of International Settlements, December 2017. https://www.bis.org/publ/work684.pdf

» Bowsher, Norman N. "Repurchase Agreements" Federal Reserve Bank of St. Louis. September 1979. https://files.stlouisfed.org/files/htdocs/publications/review/79/09/Repurchase_Sep1979.pdf

» Broadbent, Ben (Deputy Governor for Monetary Policy, Bank of England). Speech on "Central Banks and Digital Currencies," presented at the London School of Economics, March 2, 2016. https://www.bankofengland.co.uk/speech/2016/central-banks-and-digital-currencies

» Carlos, Ann M. and Larry Neal. "Amsterdam and London as Financial Centers in the Eighteenth Century," Financial History Review, vol. 18, issue 1, 2011.

» Carney, Mark (Governor of the Bank of England). Speech on "The Growing Challenges for Monetary Policy in the Current International Monetary and Financial System," Jackson Hole Symposium, August 23, 2019. https://www.bankofengland.co.uk/-/media/boe/files/speech/2019/the-growing-challenges-for-monetary-policy-speech-by-mark-carney.pdf

» Chen, Justin and Andrew Gibson. "Insights from the Federal Reserve's Weekly Balance Sheet, 1914–1941," Studies in Applied Economics, no. 73, 2017. Johns Hopkins Institute for Applied Economics, Global Health, and Study of Business

Enterprise.

» Ehrenberg, Richard. Capital and Finance in the Age of the Renaissance, London: Jonathan Cape, 1928.

» Federal Reserve Act, H.R. 7837, 1913.

» Federal Reserve Bank of Richmond. "The Gold Cover," Monthly Review, The Federal National Mortgage Assn., Fifth District Ports-Virginia, The Fifth District, July 1968. https://fraser.stlouisfed.org/files/docs/publications/frbrichreview/rev_frbrich196807.pdf

» Ferguson, Niall. The Ascent of Money: A Financial History of the World. New York: Penguin Books, 2009.

» Fleming, Michael J., and Klagge, Nicholas J. "The Federal Reserve's Foreign Exchange Swap Lines," in Economics and Finance, vol. 16, no. 4, April 2010. Federal Reserve Bank of New York. https://www.newyorkfed.org/medialibrary/media/research/current_issues/ci16-4.pdf

» Friedman, Milton. Money Mischief: Episodes in Monetary History. Houghton Mifflin Harcourt, 1994.

» Friedman, Milton. "The Euro-dollar Market: Some First Principles." Federal Reserve Bank of St Louis, July 1971. https://research.stlouisfed.org/publications/review/1971/07/01/the-euro-dollar-market-some-first-principles/

» Fries, Nicholas. "Insights from the Federal Reserve's Weekly Balance Sheet, 1976–2017." Studies in Applied Economics, no. 114, 2018. Johns Hopkins Institute for Applied Economics, Global Health, and the Study of Business Enterprise.

» Gleeson-White, Jane. Double Entry: How the Merchants of Venice Created Modern Finance. New York: W. W. Norton & Company, 2012.

» Gold Coins of the Middle Ages. Deutsche Bundesbank Collection. Frankfurt, Germany. https://www.bundesbank.de/resource/blob/607696/f54b6ee83efd2f79e35c9af6e9a3702d/mL/gold-coins-of-the-middle-ages-data.pdf

» Goldthwaite, Richard A. The Economy of Renaissance Florence. Maryland: Johns Hopkins University Press, 2009.

» Grossman, Richard S. "The Origins of Banking," in Unsettled Account: The Evolution of Banking in the Industrialized World since 1800. New Jersey: Princeton University Press, 2010. https://www.jstor.org/stable/j.ctt7sw7z.7

» Harari, Yuval N. Sapiens : A Brief History of Humankind. New York: Harper, 2015.

» Harris, Everette B. (President, Chicago Mercantile Exchange). "History of the Chicago Mercantile Exchange." 1970. https://legacy.farmdoc.illinois.edu/irwin/archive/books/Futrs_Tradng_in_Livestck/Futures_Trading_in_%20Livestock_Part%20I_2.pdf

» Hearing before the Committee on Banking and Financial Services U.S. House of Representatives, One Hundred Fifth, Second Session, October 1, 1998. https://fraser.stlouisfed.org/title/policy-discussion-papers-federal-reserve-bank-cleveland-4514/lessons-rescue-long-term-capital-management-495652/fulltext

» Hearings before the Joint Economic Committee Congress of the United States, Eighty-Sixth Congress, First Session, October 26-30, 1959. https://www.jec.senate.gov/reports/86th%20Congress/Hearings/Constructive%20Suggestions%20for%20Reconciling%20and%20Simultaneously%20Obtaining%20the%20Three%20Objectives%20%28130%29.pdf

» Jefferson, Thomas. "Notes on the Establishment of a Money Unit, and of a Coinage for the United States," 1784. https://founders.archives.gov/documents/Jefferson/01-07-02-0151-0005

» Kindleberger, Charles P. "Power and Money." The Politics of International Economics and the Economics of International Politics. New York: Macmillan, 1970.

» Logan, Walter S. "Amendments to the Federal Reserve Act," The Annals of the American Academy of Political and Social Science, vol. 99, Jan. 1922, The Federal Reserve System–Its Purpose and Work, Jan. 1922: 114–121. Sage Publications Inc., in association with the American Academy of Political and Social Science. http://www.jstor.com/stable/1014518

» McCusker, John J. "The Demise of Distance: The Business Press and the Origins of the Information Revolution in the Early Modern Atlantic World," The American Historical Review, vol. 110, no. 2, 2005: 295–321. https://www.jstor.org/stable/10.1086/531316

» Mehrling, Perry. "The Inherent Hierarchy of Money," January 25, 2012. https://ieor.columbia.edu/files/seasdepts/industrial-engineering-operations-research/pdf-files/Mehrling_P_FESeminar_Sp12-02.pdf

» Mehrling, Perry. The New Lombard Street: How the Fed Became the Dealer of Last Resort. New Jersey: Princeton University Press, 2010.

» Murau, Steffen. "Offshore Dollar Creation and the Emergence of the Post-2008 International Monetary System," IASS Discussion Paper, June 2018. Harvard University — Weatherhead Center for International Affairs; Institute for Advanced Sustainability Studies (IASS). https://publications.iass-potsdam.de/rest/items/item_3259914_4/component/file_3259926/content

» Nakamoto, Satoshi. "Bitcoin: A Peer-to-Peer Electronic Cash System." https://bitcoin.org/bitcoin.pdf

» Nakamoto Institute. "The Complete Satoshi," 2008-2012. https://satoshi.nakamotoinstitute.org/

» Office of the Comptroller of the Currency. Interpretive Letter 1174, "OCC Chief Counsel's Interpretation on National Bank and Federal Savings Association Authority to Use Independent Node Verification Networks and Stablecoins for Payment Activities," January 2021. https://www2.occ.gov/news-issuances/news-releases/2021/nr-occ-2021-2a.pdf

» Odell, Kerry, and Marc D. Weidenmier (Working Paper). "Real Shock, Monetary Aftershock: The 1906 San Francisco Earthquake and the Panic of 1907," Claremont Colleges Working Papers in Economics, no. 2001-07. https://www.jstor.org/stable/3874987

» Padgett, John F. "Country as Global Market: Netherlands, Calvinism, and the Joint-Stock Company," in The Emergence of Organizations and Markets Book, authors John F. Padgett, and Walter W. Powell, New Jersey: Princeton University Press, 2012. http://www.jstor.com/stable/j.ctt1r2fmz.15

» Pozsar, Zoltan. "Shadow Banking: The Money View," Office of Financial Research, U.S. Treasury Department, 2014. https://www.financialresearch.gov/working-papers/files/OFRwp2014-04_Pozsar_ShadowBankingTheMoneyView.pdf

» Quinn, Stephen, and William Roberds. "The Bank of Amsterdam and the Leap to Central Bank Money," The American Economic Review, vol. 97, no. 2, 2007: 262–265. https://www.jstor.org/stable/30034457

» Quinn, Stephen and William Roberds. "Death of a Reserve Currency," Texas Christian University, Federal Reserve Bank of Atlanta. https://www.frbatlanta.org/-/media/documents/research/publications/wp/2014/wp1417.pdf

» Rickards, James. Currency Wars: The Making of the Next Global Crisis. Portfolio, 2012.

» Roberds, William, and François R. Velde. "The Descent of Central Banks (1400 – 1815)," Federal Reserve Banks of Atlanta and Chicago, May 27, 2014.

» Romer, Christina D. and David H. Romer. "A Rehabilitation of Monetary Policy in the 1950s, Working Paper 8800," NBER Working Paper Series, National Bureau of Economic Research, 2002. http://www.nber.org/papers/w8800

» Rothbard, Murray N. History of Money and Banking in the United States: The Colonial Era to World War II. Ludwig von Mises Institute, 2010.

» Schubert, Eric S. "Innovations, Debts, and Bubbles: International Integration of Financial Markets in Western Europe, 1688-1720," The Journal of Economic History, vol. 48, no. 2, 1988, The Tasks of Economic History June 1988: 299-306. Cambridge University Press on behalf of the Economic History Association. http://www.jstor.com/stable/2121172

» Slivinski, Stephen. "Too Interconnected to Fail?" The Rescue of Long-Term Capital Management, Region Focus, Federal Reserve Bank of Richmond, Summer 2009. https://www.richmondfed.org/-/media/richmondfedorg/publications/research/econ_focus/2009/summer/pdf/economic_history.pdf

» Steil, Benn. The Battle of Bretton Woods: John Maynard Keynes, Harry Dexter White, and the Making of a New World Order. Princeton University Press, 2014.

» Szabo, Nick. "Shelling Out: The Origins of Money," 2002. https://nakamotoinstitute.org/shelling-out/

» Taleb, Nassim. Antifragile: Things That Gain from Disorder. Random House, 2012.

» Triffin, Robert. "Gold and the Dollar Crisis: Yesterday and Tomorrow," Essays in International Finance, no. 132, December 1978. https://ies.princeton.edu/pdf/E132.pdf

» United States Court of Appeals, Ninth Circuit. Daniel J. Bernstein v. United States Department of State et al, 1997. https://caselaw.findlaw.com/us-9th-circuit/1317290.html

» Weber, Warren E. "Government and Private E-Money-Like Systems: Federal Reserve Notes and National Bank Notes," CenFIS Working Paper, 15-03, August 2015. Federal Reserve Bank of Atlanta. https://www.frbatlanta.org/-/media/documents/cenfis/publications/wp/2015/1503.pdf

» Wee, Herman Van der. "Globalization, Core, and Periphery in the World Economy in the Late Middle Ages and Early Modern Times," in Cores, Peripheries, and Globalization, edited by Peter Hans Reill and Balázs A. Szelényi. Central European University Press, 2011. http://www.jstor.com/stable/10.7829/j.ctt1282x8.14

» Wee, Herman Van der. "International Business Finance and Monetary Policy in Western Europe, 1384-1410," The Business History Review, vol. 43, no. 3, Autumn 1969: 372–380. http://www.jstor.com/stable/3112388

» World Economic Forum. "Insight Report, Central Bank Digital Currency Policy-Maker Toolkit," Centre for the Fourth Industrial Revolution, 2020. http://www3.weforum.org/docs/WEF_CBDC_Policymaker_Toolkit.pdf

레이어드 머니
돈이 진화한다

1판 1쇄 펴낸날 2021년 11월 22일

지은이 | 닉 바티아

옮긴이 | 정성환

경영지원 | 진달래

펴낸이 | 박경란
펴낸곳 | 심플라이프
등 록 | 제406-251002011000219호(2011년 8월 8일)
주 소 | 경기도 파주시 광인사길 88 3층 302호(문발동)
전 화 | 031 – 941 – 3887, 3880
팩 스 | 031 – 941 – 3667
이메일 | simplebooks@daum.net
블로그 | http://simplebooks.blog.me

ISBN 979-11-86757-75-8 03320